INK INK INK INK INK INK I
K INK INK INK INK INK INK
INK INK INK INK INK INK I
K INK INK INK INK INK INK
INK INK INK INK INK INK I
K INK INK INK INK INK INK
INK INK INK INK INK INK I
K INK INK INK INK INK INK
INK INK INK INK INK INK I
K INK INK INK INK INK INK
INK INK INK INK INK INK I
K INK INK INK INK INK INK
INK INK INK INK INK INK I
K INK INK INK INK INK INK
INK INK INK INK INK INK I
K INK INK INK INK INK INK
INK INK INK INK INK INK I
K INK INK INK INK INK INK
INK INK INK INK INK INK I
K INK INK INK INK INK INK
INK INK INK INK INK INK I
K INK INK INK INK INK INK
INK INK INK INK INK INK I
K INK INK INK INK INK INK

INK

文學叢書

198

閒走@東南亞

梁東屏◎著

目錄

泰國

越南・菲律賓・寮國

新加坡．緬甸．汶萊

東南亞

〔自序〕

眞是不容易

對於寫作這檔事，我頗有自知之明。

因爲我永遠忘不了第一次打擊。

那是一九八五年六月七日晚上八時十五分好像是十九秒左右在紐約《北美日報》編輯「小賴」家裡聚會。我當時是該報的「王牌記者」，原因也不複雜，該報除了我之外，只有另一位在華埠作業名叫黃兆的廣東記者，他跑華埠，我跑要聞，「王牌」當然是我。

所以每天名字見報的我當時走路是有風的。

但是那個永遠留在記憶角落的晚上，「醉態可掬的小賴」居然在報社眾同仁面前宣稱，「東屏的報導是寫得不錯，可惜沒什麼文采。」

這個，我承認。但是，小賴，你爲什麼要說出來！

後來，我每次察覺小賴想開口借錢時就先下手爲強，「小賴，你最近手頭方便嗎？……」

已經二十多年未見面的小賴可能至今也沒想通爲何在那個「命運之夜」後，跟我借錢就再也沒有成功過。

所以，什麼「集結成冊」這種念頭，從那時起就再也沒有出現於我腦際。直到若干年前，有不只一位朋友鼓勵我把跟他們講述得口沫橫飛的採訪故事寫下來。從「小賴事件」之後就「自我放逐」於「文豪圈」外的我此次如此這般地受人「肯定」，感激之情就算是用掉所有的竹片都寫不完，於是就開始動手，那段時間眞是才思泉湧，下筆不能自休，唏哩嘩啦就寫成十多篇。

這下好了，「集結成冊」的念頭像隻旭光牌燈泡般突然在腦子的左上方偷偷亮起。可是「小賴事件」的餘威猶在，因此雖然我一再反覆讀自己的作品，也一再確認（Reconfirm）乃至肯定自己應該是寫出了「傳世之作」，然而就是沒有勇氣將書稿交給出版商，甚至於常常還想，我會不會像大畫家梵谷一樣，死後才被人發覺而成名呢？

後來派駐東南亞，又作了幾個自認爲得意的採訪，我的「採訪紀事」庫存愈來愈豐富，簡直跟我國一度傲人的外匯存底有得拚，也開始覺得自己不應該這麼自私，有好東西而不貢獻出來，最終使得世界文明出現缺憾，這個責任實在太大了，因奮力爲文而衣帶漸寬的我，將如何承擔得起？

因此我又動了出版的念頭。但是找誰呢？

想來想去，不如找「自己人」，成功的機會應該比較大吧？

於是把文稿整理出，附上目錄、大綱寄給了「時報出版公司」。不久之後回音來了，短短幾行字，開頭是「梁先生，您的作品很引人入勝……」等等客套話，結尾則是，「但是我們的出版宗旨是要爲我們這個時代沉澱出一點東西」。

我當時一個人在租住的公寓中讀這個來函，雖然沒有任何旁人在場，我都感覺到自己面紅耳赤、千夫所指而無地自容。那隻旭光牌燈泡也「啪」的一聲燒斷鎢絲了。

哇，眞慘。我眞不敢相信受傷這麼重居然還能苟延殘喘，但是畢竟還是活下來了，我只有告訴自己再也不要試了，就抱著這個「破掃把」而終此餘生吧。

二○○四年間，《中國時報》「浮世繪」版主編夏瑞紅不知道是否吃錯藥還是按摩時扭到哪根筋，竟然找我開個名爲「一個男人@東南亞」的專欄，我當時對瑞紅的直接反應就是有點「假仙」的說，「我眞的可以嗎？」瑞紅則顯然無意但卻碰觸到我內心深處那個「痛得要命」的傷疤。她說，「可以啦，而且一年之後專欄結束，你要考慮『集結成冊』嗎？」集結成冊！我哪裡敢妄想，可是心底那個「作家之夢」終究還是開始蠢動起來。

光陰似箭、白駒過隙、日月如梭，一年時間很快過去，專欄告一段落，同時間的幾個專欄都在「浮世繪」出了「集結成冊」的宣告，唯獨我無人問津，像個落在湖心的石塊，「咚」的一聲，沒了。醞釀了一年的「作家之夢」，竟像個噴了半天臭煙的火山，最後居然沒爆成。

我告訴自己，這是「漂泊男子的命運」，我認了。

二○○五年八月，「中時電子報」邀請參與編輯部落格，受寵若驚的我立刻答應，爲了怕對方反悔，又趕緊煮生米爲熟飯，把現成的、沒人要的、沒法爲這個時代沉澱出東西的「採訪紀事」往上貼。先佔住毛坑再說。

沒想到這些東西卻引起了另位欄主也是《中國時報》同事彭蕙仙的注意，她在電子郵件中詢問我是否有意出書，我只好「忍住滿眶的淚水」把過去的悲慘遭遇娓娓重述一遍。

蕙仙眞是很夠意思，她說，「我幫你問問看。」

她不是隨口說說的，事隔半年，我都已經忘了，有天竟收到蕙仙的電郵，說是「印刻出版」的初安民先生問我是否有計畫到台灣，他想見面聊聊。

哇，有人對我有興趣呢。巧得很，我正好那時要回台參加《自由時報》社長俞國基先生娶媳婦的婚宴，老天作這樣的安排，難道是預知「文壇新星」即將誕生？

去台北之前，我把「採訪紀事」的部份稿子精心打印出來，準備好好演一齣「毛遂遊台北」大戲。

哪裡知道跟安民兄見面之後，他把我雙手捧上的那袋「傳世之作」往身旁的椅子上一放，就開始海闊天空聊起來，一聊聊了兩個小時，居然都未觸及我的「主題」。

我其實眞不是「毛遂」的料，扯不下臉硬行自我推銷，還好一旁的蕙仙出手相救，「你們談談出版的事吧」。哪裡知道安民兄的回答卻是，「我對你在《中時晚報》寫的那些東西比較有興趣。」

我一聽就暗暗叫苦。我在《中時晚報》寫過評論性的短欄，但是總共只有五十五篇，顯然不夠成書。此時蕙仙又出手了，「東屏兄在中國時報『浮世繪』版寫過『一個男人@東南亞』專欄，還滿有意思的。」

安民兄說，「嗯，這個欄名還不錯。」我估計安民兄可能根本沒看過這個專欄，但是「打蛇隨棍上」，我立刻「抓著雞毛當令箭」急急說道，「好、好、好，我回曼谷之後立刻整理出來交給你。」回曼谷後，眞是一天都沒耽擱，把「一個男人@東南亞」文稿快遞給安民兄，然後在長達半年的時間裡，經常藉機「關心」實際上是「催促」整個出版事項。終於，這本書在二〇〇六年八月二十日面世了，眞是不容易啊。

我後來請瑞紅幫忙寫序，她寫到「終於有人（印刻）來『押寶』了」，其實我眞的很忐忑，我擔心安民兄會不會押錯寶了。

現在，印刻決定出續集《閒走@東南亞》，我還是不敢問安民兄押對寶了沒有。

我一直沒有對任何人說的是，其實在經過前幾次的挫折後，我早已放棄了賣文爲生的想法，我的人生規畫已經改成作一名「街頭藝人」，所以年過五十以後苦練吉他。

爲什麼是「街頭藝人」呢？因爲年過五十以後才學吉他，再怎麼努力恐怕成就也有限，能夠在街頭賣藝，已經於願足矣。

泰國

人民革命的迷思

「人民力量」一直是「民主」裡面最神聖的「符號」，好像只要一祭出來，正當性就成立了。

在泰國，反對團體因爲前總理戴克辛家族將所持電信公司股份以七百三十億泰銖天價售予新加坡淡馬錫控股公司，結果卻在精心操作下不用繳任何稅金，激起公憤而空前團結，接力一般地舉行大型示威，不但抵制完全符合民主的大選，而且悍然不顧禁令，佔據國務院周邊街道揚言要長期抗爭到戴克辛下台爲止。

結果，在一旁虎視眈眈的軍方逮住機會發動政變，戴克辛還眞下台了。雖說是政變，但是如果沒有「人民力量」作好球，軍方哪裡敢出手？

老實說，戴克辛家族出售股權本就是單純的商業行爲，不用繳稅亦無違法之處。問題是一般守法納稅的百姓無法接受有錢又位高權重的戴克辛，居然賺了這麼大一筆還不用繳稅，因而在道德上出現了易招攻擊的極大瑕疵。

這股怨氣很巧妙地和原本氣息奄奄的反對勢力結合起來，三炒兩弄竟然氣勢愈來愈強，逼得戴克辛左支右絀，倉皇宣布解散國會、提前大選，結果又遭三大反對黨抵制，使得選舉的正當性也出現

泰國示威人群

很大問題。

諷刺的是，戴克辛其實是泰國歷來最有能力的總理。他自二〇〇一年出任總理以來，扭轉了泰國的經濟頹勢、縮小了城鄉差距，甚至於泰國的國際地位都有所提高，所以他領導的「泰愛泰黨」才能一再以壓倒性的多數贏得大選，他也成爲首位作完任期又得連任的總理。

誰知道這樣一位「有政績」的總理，卻在連任才剛過一年就被推翻了。

其實，戴克辛之所以弄到被拉倒的地步，正是因爲他太懂得玩弄政治，而且玩得過頭「整碗都捧去」，把別人都逼成「沒得玩」，只好破釜沉舟跟他拚了。反對陣營的帶頭者，幾乎都是他過去的死黨，就是最好的說明。

明瞭了這一點，就可以知道所謂「人民力

量」中的「人民」，其實都是受利用的。菲律賓人民在二十年中經過了兩次波瀾壯闊的「人民革命」，推倒了兩位總統，可是他們得到了什麼？

不久前進行的一次民意調查顯示出多數的菲律賓人已經對國家不再抱希望，如果能夠移民的話，他們都希望能夠到別的國家去。也無怪乎有學者、專家指出，菲律賓人現在已經得了「人民革命疲勞症」。

泰國示威人群移師國務院後，我有天經過原先集會場地的皇家田廣場，抗議講台已經拆成個空架子，許多曼谷市民在那邊快樂地放風箏。我很感慨，百姓要的不就是簡單、快樂的生活而已嗎？

曼谷「運將」政治立場鮮明

政治這玩意兒很奇怪，其實眞正在玩、能玩的人就是那麼些，曼谷市二〇〇六年初的政治氣氛相當緊張，支持及反對現任總理戴克辛的陣營明顯對立，甚至於許多家庭成員、親朋好友之間都爲了立場不同而面紅耳赤甚至反目相向。

基本上，反對戴克辛的絕大多數都是都市中的中產階級、知識份子，而支持者則是較低層的勞動者、農民。其中計程車司機則是戴克辛的死忠支持者。這是由於戴克辛在任期中曾經兩度親自接見「運將」團體，而且還推出「我們關懷你」的建屋計畫，許多司機都受益獲得新車、新屋。所以泰國那陣子發生嚴重政爭，「運將」基本上是站在戴克辛這一邊的。戴克辛陣營在曼谷舉辦大型群眾活動，曼谷的數千名計程摩托車司機就自動、自費集體相挺。

另一方面，計程車司機由於工作場所的關係，每天坐在車裡收聽大量廣播，對於最新的政治變化比許多人都瞭解、關心，再加上計程車和許多曼谷市民的生活息息相關，所以這陣子以來，已經發生了不少「運將」跟乘客「幹譙」事件。

有位當地媒體的政治記者，有天在計程車上用電話採訪一個對象，結果卻莫名其妙地被怒火沖天

泰國前總理戴克辛

的司機趕下車，他「自我檢討」之後，發現問題出在他的採訪對象當時對戴克辛大肆抨擊，司機從他與對方的談話中聽出來了，愈聽愈火，就把他趕下車。

另位女記者表示，她有次在車上無意間跟司機聊起當前政治，愈聊愈不對頭，司機一怒之下竟然喝叱要她「閉嘴」，而且說道，「要不是因爲妳是女人，我才不送妳呢。」

也有不少媒體記者搭計程車前往反戴克辛示威場地採訪時不敢直接說出要去的地點，而是搭車到附近，再走路過去。

有位朱拉隆功大學政治系的老師就因爲曾經在電台節目裡批評過戴克辛，結果被「運將」認出後當場慘遭驅逐下車，他一肚子火表示不願付錢，對方卻說，「誰要你的錢！」

不過，也不是所有的「運將」都支持戴克辛。

一位戴克辛所領導「泰愛泰黨」的成員，某次搭計程車和司機爲了戴克辛家族出售電信公司股份究竟該不該繳稅之事而吵了起來。司機一火，居然要跟他單挑，他也不甘示弱，於是兩人當街就打了起來，最後鬧進警局。

出了警局之後，那位司機還是要跟他收車資，他也欣然照付，還丟下一句話「我們的黨主席（戴克辛）有七百三十億泰銖（戴克辛出售電訊公司股份的總價）。」

泰國《民族報》則公開教導乘客搭車的「撇步」：如果是恨戴克辛的人，上車之前先別急著說去哪裡，而是大吼一聲「戴克辛！」如果對方答以「滾蛋！」那就表示可以安心上車，但是如果回答是「拚啊！」那就還是小心一點，等下部車吧。

喜歡戴克辛的人則把前面的公式反過來就成了。

天命註定？

二〇〇六年九月十九日泰國發生政變，陸軍總理司令宋提趁著總理戴克辛在紐約市出席聯合國大會時，派出坦克進駐國務院，未發一槍一彈奪得政權，措手不及、禍起蕭牆的戴克辛四顧茫茫，不敢回國而惶惶轉往英國倫敦。

有意思的是，向來意氣飛揚，甚至給人言語囂張跋扈印象的戴克辛卻保持很低的姿態，先發表了一篇措辭溫和的聲明，表明要休個「早就該休的假」，然後希望新政府早些舉行大選，對於政變本身卻未置一詞，好像政變所推倒的人並不是他。

接著在沉寂兩個星期之後，戴克辛又發了封辭職傳眞，宣布辭去一手創建「泰愛泰黨」黨魁，將政變發生怪罪於反對派示威所造成的形勢。總之，很「認命」就是了。

其實，也許戴克辛眞的是很「認命」。因爲泰國坊間早就盛傳戴克辛極爲迷信，故事也不少。譬如說二〇〇五年十一月，戴克辛對泰國媒體表示，因爲星象顯示水星與他的星座獅子座正好排成一線，使得他當年流年不利，因此自即日起他將拒絕回答媒體任何問題。他說，「水星不是好星，既然如此，我就不再說話，而且水星移動得相當慢，我看，至少要等到明年再說。」

泰國軍方二〇〇六年九月十九日深夜發動政變

二〇〇六年四月間曼谷示威群眾在總理府前紮營，逼得戴克辛無法召開內閣會議，但是他還是找了時間，在「特定的時辰」連續三天「偷偷」進入總理府，然後待一段「特定時間」後又悄悄離開，後來總理府門口悄悄出現兩隻口含玉珠的石獅子。據稱都是戴克辛根據高人指點「作法」。

在泰國，怪力亂神是頗普遍的事。二〇〇六年三月，曼谷著名地標「愛侶灣四面佛」遭到一名神經病患砸毀，由於當時正值泰國政局動盪不安之際，許多人都認爲是不祥的徵兆。反對陣營更言之鑿鑿的放話指出，這件事根本就是戴克辛陣營自導自演，目的是要在重鑄時放一些「東西」到四面佛的肚子裡，以保佑戴克辛此後一帆風順。

結果後來修復的四面佛於當年五月二十一日從佛統府迎回曼谷安座供奉，吸引了大批信眾前往膜拜。有趣的是，當時已經宣布「無限期休假」的戴克辛次日就立即上班「復行視事」，使得這尊在泰國人眼中靈驗無比的四面佛究竟爲何被砸，是否肚裡眞被放入了什麼「東西」？再度成爲人們茶餘飯後的談資。

泰國的政變，其實也與迷信有點關係。一九九一年政變之前，發動政變的軍事領導人就曾經集體前往緬甸，據說是去請教「天機」，結果回國之後不久就發動了政變。

無巧不巧，宋提在發動政變前也確實前往緬甸訪問，難道也取得了「天機」？

至於發動政變的時機也有玄機在內。對泰國人而言，最吉利的數字就是九。一年之前，曼谷新建的機場試用跑道，戴克辛特地下令飛機在早上九點十九分試飛，就是刻意挑選了良辰吉時。

宋提發動政變選在九月十九日，當然不是巧合，甚至很有可能當晚的坦克車是九點十九分進駐總理府。有趣的是，戴克辛當時人在紐約，也是九月十九日九時十九分，只不過紐約是早晨，命運就有了天地之差。

人性化機場

曼谷的素旺納普機場號稱東南亞最大，是在二〇〇六年政變中被推翻的泰國總理戴克辛當年吹噓再三的重要政績。

結果開幕之後狀況不斷，先是報到櫃檯電腦作業、行李輸送帶出問題，開幕後的幾天天下大亂；接著旅客又抱怨機場太大，光走到機門就要累翻，而且機場內廁所嚴重不足，有些廁所內竟然只安裝一個便斗，旅客上廁所居然要排隊。

後來更精采，機場的跑道及滑行道竟然出現了裂縫，對飛機起降造成了安全疑慮。

我在二〇〇六年十一月赴越北河內市採訪亞細安高峰會，出境時就是在才啓用兩個月的素旺納普機場，當時的感覺是「眞的很大」，其他倒沒覺得有什麼特別不好，唯一就是我旅行時都帶著吉他，這次辦托運時卻出現問題，因爲報到櫃檯的行李檢查X光機竟然無法處理「這麼長」的行李，所以要我自行把吉他送往大件行李處。

一支吉他連盒子能有多長？就不能處理了？更荒唐的是，竟然要旅客自己提去大件行李處。雖然不是頂長的路，但是給人的觀感就是不好。

泰國素旺納普機場號稱東南亞最大

到了河內，因爲舉辦亞細安高峰會，看得出來機場作了番整修。

河內機場很小，我搭乘的班機乘客坐不滿三成，當時也只有這架班機到，可是你知道嗎？等行李就等了四十分鐘，眞令人無法置信。

第二次使用素旺納普機場是同年十二月，買了廉價「亞洲航空」的特惠機票前往普吉島，結果便宜無好貨，到了報到櫃檯才被告知要誤點兩小時。這下好了，想找個地方坐下來等，回顧四望，這個「最大機場」的出境廳竟然沒有設置讓人坐的座位。

也許興建之初的想法是「都要出境了，坐什麼坐？」可是現在不就出現了「需要坐」的情況了嗎？不是人人都想去坐咖啡廳（實際上至少在當時，出境大廳內還沒咖啡廳呢，因爲我也找了一遍）。

所以，機場無論大小，人性化的設計及管理才是最重要的。

我算是走過很多地方的人，以「大」聞名的吉隆坡、杜拜機場我都去過，非洲那些簡陋的小機場也經驗過，雖然不是最大但號稱世界最佳的香港赤鱲角機場也領受過，但是我覺得都比不上新加坡的樟宜機場。

樟宜機場不大不小，也不算頂新，但是它無論設計或管理操作都以照顧旅客的需要、便利爲最主要考慮，所以其動線流暢，從踏出機門起一直到登上計程車，一氣呵成幾乎沒有「等待」需要。出境也是一樣，絕不會給旅客帶來任何「多出來」的不便、困擾。全世界的機場裡，也只有樟宜機場的入境大廳裡設置了那麼多的座位，讓接機的人都可以「坐著等」，而不是像其他機場亂哄哄得如菜市場。

而且，就印象所及，只有樟宜機場的出境大廳是透明玻璃設計，讓接機的人和到達的旅客在取行李時就已經看到彼此，不像其他機場接機有如「對獎券」。多麼貼心的設計，其他機場就是沒有這種巧思。

下蠱？

新加坡報紙刊出新聞，指稱一位年輕富家子赴泰國旅遊後，原本溫和的性情變得非常暴躁，動輒和家人爭吵，而且整天和母親說要和「女鬼」結婚，家人起初以爲他在胡言亂語，於是對他不加理睬。

結果未料他和家人的關係鬧僵後，竟然患上抑鬱症，最後在家中自殺身亡。更離奇的是，富家子死後，他的母親頻頻在家中被「不明物體」推、撞和踩踏，因此直覺和兒子生前的「未了心願」有關，最後在爲兒子辦了場「冥婚」後，「鬧鬼」事件才告結束。

這件令人毛骨悚然的事，聽起來很像是傳聞中的「下蠱」。「下蠱」的說法在泰國偏遠地區確實很盛行。我搬到曼谷沒多久，就有人告誡說是不明女子給的飲料絕不要喝，在娛樂場所要上廁所時，最好連飲料一起帶著走，免得被人「加料」，因爲這些場所裡的女子很多來自窮鄉僻壤或是東北部的山區，自小就懂巫術、下蠱。

起初我只是聽聽就算，並不太相信眞有這種事。後來認識了一位台商，她告訴我她的兒子就被人下過蠱，也是一夕之間性情大變，拚死拚活要跟那位長得很抱歉的女朋友在一起，不但自己辛苦積蓄的錢全交給了對方，還一天到晚開口跟老媽要錢，要不到就翻臉，整天把「不能跟她在一起，我就去死」掛在嘴上。

她的兒子長得很帥，卻被那位「不怎麼樣」的女朋友迷成這樣，確實讓她百思不解，後來經人點醒兒子可能被人下蠱，才趕緊把兒子送往泰國北部清邁府的一處寺廟「閉關」，經過長達半年的時間才解蠱。

聽了她的遭遇，我才相信眞有此事。據說「蠱」本來是種無害無毒的蟲，終其一生躲在香樹的根部節瘤中，絕大部分的時間都在睡覺，只有打雷的時候才會醒過來，然後吸取身邊樹根的汁液後又回頭大睡。

苗人則會把這種蟲從樹根中挖出來放在瓦甕中，然後開始打鼓，蟲聽到鼓聲以爲是打雷，就會醒過來，可是這時身邊已經沒有樹汁可以吸食，只好同類相殘，只是它們並不互相廝咬，只是各據一方，彼此對峙。

不久之後，就會有一隻自知是最衰弱的蟲宣布投降，其他的蟲就一擁而上把它吸乾，然後再度沉睡；過一段時間，苗人再重複打鼓的動作把蟲喚醒，如此週而復始直到剩下最後一隻吸食所有同類的精髓之後成爲王者，那就是「蠱」了。

苗人再把那隻蠱乾燥後磨成粉末，放在奶類飲料中喝下，據說可以強身健體，百毒不侵。苗人非常重視信約，如果有人敢做壞事，他們就會敲起當初喚醒那些蟲的鼓來，這時身體裡的蠱也同時會被喚醒，長成千百條蟲，啃吃那個人的血肉，致使那人最後痛苦而死。

所以到苗寨千萬不要亂喝牛奶、羊奶，以免被下了蠱都不知道。

這個傳說的疑點則是，「蠱」既然已經被磨成粉，又如何能活過來？

曼谷發生過一個頗有意思的案例。一位著名的補習班老闆也是突然性情大變，指稱家人要陷害他，同時吵著要跟老婆離婚。家人看情形不對，當機立斷把他送入精神病院，結果查出他體內有異常大量的麻黃素，導致他精神失序，產生偏執、幻想，必須要留醫，等麻黃素自然排解之後才可能恢復正常。

他的家人懷疑一位與他走得很近的女孩可能脫不了關係，目的可能是圖謀他的龐大家業，因此請求警方調查。

我覺得這才可能是「下蠱」的「眞相」。麻黃素雖然是禁藥，但是在曼谷的華埠卻不難取得，把麻黃素混在食物或飲料中，總比騙人吞下一隻蟲子容易吧。

吃蟲度日？

到東南亞來之前，確實曾經在書裡讀過人吃昆蟲的事情，譬如印象中當年司馬中原的名著《狂風沙》中，似乎就提過北大荒中蝗蟲過境，農人莊稼被一掃而空，只好把蝗蟲抓來煎著吃順便「報仇」的情節。

又如對東南亞一些國家的描寫裡，也不乏山區少數民族下「蠱」的傳說。「下蠱」？不就是把毒蟲讓人吃到肚裡嗎？

所以，對於吃蟲這檔事，從來就覺得恐怖，希望那乃是一種傳說，都是想像中的事，當然從來也未期待在現實生活裡會眞正碰到。

直到有天陪一位中國友人逛曼谷市著名的「節都恰週末市場」，在販賣寵物、熱帶魚的特區中見到不少攤販，擺賣出來的東西有些特別，定睛一看，哇賽，不都是各式各樣的蟲嗎？

最容易辨認的是蚱蜢，還有蟋蟀，其他一些不知道是什麼的蟲子，全都有一節節的身體，炸得黃黃亮亮的，堆在推車上賣。

我正在驚訝之餘，朋友卻頗「識貨」地驚呼起來，「哇，好吃呢，多少錢？」就這樣，在我不敢置信的情況下，她的手中已經多了一包「蟲子」。

「來，嚐一嚐。」嘩，竟然是衝著我來的，她的口氣隱約透著點「看你敢不敢？」的挑戰味道。

我其實不敢，但是又不甘示弱，只好硬著頭皮，裝著一副鎮定，小心翼翼地挑了隻比較不噁心的蚱蜢，也許是蝗蟲吧，就這樣屏住呼吸，暫時把所有的味蕾關起來，一口咬在嘴裡。

酥酥脆脆地，有些油香，談不上好吃，滋吧滋吧三兩下呑進肚裡去，心裡想的都是這玩意被炸脆之前那種噁心的稀里糊塗。

「再來一隻吧？」我摸摸肚子，癟癟嘴，十分精確地作出「吃飽了」的表情，朋友笑得有些不懷好意。算了，好漢不吃眼前虧，不要計較了。

怎麼會有人愛吃這種東西？我後來特別注意，結果發現泰國人不但愛吃，而且這種「零食」跟其他的比較起來，算是貴的呢！

更重要的發現是泰國政府竟然鼓勵老百姓吃，強調其營養成分不下於其他更昂貴的食物。

泰國衛生部若干年前特別指認出大約五十種包括蝗蟲、甲蟲、蠶寶寶、叢林蟑螂乃至於數種蜘蛛在內的昆蟲，公告周知這些昆蟲富含蛋白質、碳水化合物，不輸人類平時消耗的肉類，值得大家大嚼特嚼。

該部官員甚至表示，養昆蟲比飼養豬、牛、羊等家畜省事得多，無須大面積場地、飼料，繁殖又快，值得推廣。

實際上，曼谷的「拉吉曼嘎拉研究院」已經於數年前研發出數種昆蟲罐頭上市。謝天謝地，還好推廣得不是很成功。

眞難想像有一天會走進超級市場買罐蟑螂回家下麵。

東南亞國家頗流行吃蟲

你該知道怎麼做啊？

前陣子網路上流傳一則訊息，大意是說到泰國要特別小心，因爲曼谷機場的海關人員很惡劣，會故意在旅客行李裡栽毒品，然後訛詐金錢，有些被設計的人付不出或不願意付錢，甚至莫名其妙被捉去關進大牢。

有位住在美國的朋友正準備來曼谷玩，緊張兮兮的把前述訊息轉來，問我是否確有其事。

這種事我聽過。那是隨台灣來的人權團體到曼谷監獄探監時，有些觸犯毒品案被關在裡面的台灣人囚犯「一口咬定」的說法。

老實說，我不相信，我認爲那是他們企圖脫罪的說詞。我已在曼谷住了將近四年，工作的關係，進進出出不知凡幾，從來沒在機場碰到任何不愉快的事，認識的人當中，也未聽說有過任何類似的遭遇。

泰國是東南亞的旅遊大國，機場是國家大門，很難想像會發生這類公然栽贓的事。但是泰國也確實是東南亞毒品進出的重要門戶，很多毒販被逮到之後都辯稱是被人栽贓以求脫罪，也許因爲如此才以訛傳訛。

不過我在東南亞住了八年多，也還真遇過在機場遭訛詐的事，只是兩次都發生在印尼首府雅加達的國際機場。

一次是採訪完要回新加坡，在機場移民關驗護照時竟然發現原先夾在護照中的出境卡不見了。那位移民官露出很詭異的笑容說道，「你幫我忙，我就幫你忙。」（You help me, I help you.）這話講得很白，我也懶得跟他磨，就直接問他多少錢。結果付了美金二十元，他則讓我補填了張出境卡。

我的習慣是到任何地方，一進旅館就把機票及護照放進保險箱，走時才取出，所以很確定出境卡絕非在我手中掉的，再加上對方說話時那種「嘿，嘿，栽在我手裡了吧」的表情，我幾乎可以斷定出境卡不是在入境證照檢查時就被對方「偷」走，就是被現在眼前這位老兄「暗槓」起來，這樣出境時就只好「You help me, I help you」了。

這應當是種制度性的詭計，每天都有一定數量的受害者，收繳的錢就給這些不肖的移民官瓜分了。

第二次也是採訪任務結束後回新加坡。我趁空閒時逛街買了些「古物」，由於是陶土作的，擔心摔壞，就放在隨身行李。

上機之前通過X光機時，那位海關官員也是不懷好意的衝著我笑，說我的行李內有古董。其實我知道那樣東西雖然看起來舊，但絕非古董，而且他看都沒看，就知道是古董？於是就跟他爭辯起來。

但是他完全不理我，只自顧自地問我，「你從哪裡來的？」我說，「新加坡。」他竟然接著說，「新加坡，那你應該知道怎麼做啊？」說著還伸出右手，拇指、食指圈起來作出個「錢」的手勢。班機快起飛了，值得跟他耗嗎？於是給了他美金十元，他居然嫌不夠，逼得我把口袋翻轉出來給他看，才得以脫身。

「你應該知道怎麼做啊？」

眞夠經典。

放大自然一條生路

搬到曼谷之後去了趟舉世聞名的芭提亞海灘。老實說，失望極了。芭提亞海水很溫暖，泡在裡面眞的很舒服，可是沙灘上隨處可見棄置的塑膠瓶瓶罐罐，靠近沙灘的海水裡也是一樣骯髒，我潛下水再起來時，頭上竟然罩著個噁心的塑膠袋，誰知道原先是作什麼用的。玩了不到五分鐘，就上岸不想再下去了。

岸上的情況也好不到哪裡。人、車擁擠不說，整個區域商業化到令人難以忍受的地步。白天還好，一入夜裡，感覺上到處都是啤酒園（Beer Garden），這些啤酒園並不是讓人單純喝啤酒的場所，說穿了其實就是「人肉市場」。震耳欲聾的囂張音樂，穿著暴露、舉止浪蕩的泰國女郎（有時是看似女郎的『人妖』），再加上醉翁之意不在酒，當街對女郎上下其手的外國遊客。

這是泰國嗎？

東南亞有許多自然風景絕美的地方，可是一旦被人「發現」之後，就要開始經歷過度開發而終於會走向敗亡之路。更諷刺的是，這些地方開發的過程裡，眞正受益的卻並非當地人。泰國的蘇梅島就是最近的例子。

蘇梅島近十年間快速崛起，成爲除普吉島、芭提亞、曼谷之外的泰國頂級景點之一，只是現在的蘇梅島已經愈來愈不像當地人所熟悉的蘇梅島了。

舉例而言，以前沿著沙灘搖曳生姿的椰子林現在已經完全消失無蹤，取而代之的是如雨後春筍冒現的旅館、休閒中心以及高級住宅大樓。尤有甚者，由於海灘附近已被開發殆盡，地產開發商於是開始把目標轉向勢必對環境造成衝擊影響的山坡地。

泰國海灘遊客衆多

在過去，蘇梅島居民可以自由自在從任何地方走向海灘嬉耍，但是現在全被大型建築擋住，每個海灘都僅餘一條通道可以進入。同樣的，島上的交通愈來愈擁擠，交通事故更是如直線般上昇。

蘇梅島原居民不但沒有享受到這些開發帶來的經濟利益，反而要承受隨之而來的後果。譬如物價的上昇並未區分原居民或遊客，不論是食物、交通或其他民生用品，都較過去昂貴得多。

由於許多原居民將土地賣給開發商而移居他處，過去緊密合作、守望相助式的社區現在也已分崩離析。在從前，社區內的人因爲互相熟識，很容易互相幫忙甚至代管青少年，但是現在大家互不相識以致不能再「管閒事」，青少年使用毒品及犯罪的情況也愈來愈嚴重。

根據《富比世》雜誌的「性感島嶼」排名，前十名幾乎全都集中在歐洲，亞洲只有蘇梅島上榜排名第八，眾所周知的普吉島、巴里島都沒擠入前十名。

我不禁合理懷疑，歐洲國家對其本身自然風景景點的開發恐怕有頗多限制，所以這些國家的開發商就到亞洲來「盡情」開發，撈得風生水起，至於這些開發究竟有多大危害，誰還管那麼多？

最近，一位德國開發商已經宣布要在芭提亞興建全球最高、達到三百七十二公尺、九十一層的公寓大樓。我實在很難想像這座「怪物」矗立在海灘的「風景」，更別提它會對海灘帶來的污染了。

從這個觀點來看，蘇梅島的「第八名」，能維持多久呢？

泰國人好賭成風

台灣人好賭，到處求明牌、找數字。曾經讀過一則笑翻人的新聞，大意是某人夜間行車，車燈無意間掃到有人在路邊小便，居然讓他「似乎」看出小便在牆上「顯示出的數字」，於是據之簽賭，竟然還中了。

住在新加坡的時候，也有朋友喜歡買彩券，經常在聊天時問我各種數字，生日啦，車牌號碼啦……等等。結果還眞中過。

搬到曼谷後，沒人問過我任何數字。但是這並不代表泰國人不賭，他們賭得才厲害呢，我沒被問過，是因爲語言不通。

二○○六年七月間世界杯足球賽到處掀起熱潮，泰國也不例外，雖然泰國當局三令五申嚴禁賭博，可是各地的非法賭球仍然「下有對策」地賭個不休，而且根據「泰國農民研究中心」調查，該國非法賭球的賭徒，每五個人當中就有一人賴賭帳，賴帳的總數高達六十億泰銖（一億六千萬美金），甚至因而引起包括謀殺在內的種種糾紛。

世界杯舉辦期間，當舖的業務量也不斷水漲船高。泰國當舖業者估計，曼谷和外府地區的當舖業務量分別比平時增長百分之二十及三十，換算成每天的客戶數量，則是比平時高出一百五十到兩百人次，個別當舖每天周轉的資金總額可達三百至四百萬泰銖。

民眾登門當舖的目的則可分爲「籌集賭本」和「償還賭債」兩類。典當的物品主要是金項鍊、電腦尤其是筆記型電腦、手機、摩托車及家電用品。世足賽結束後因民眾賭球輸錢無法贖回當品而湧現大量流當品。

泰國人求明牌比台灣人有過之而無不及。在泰國政爭最高峰期間，位於曼谷市區、聞名遐邇的四面佛莫名其妙被一瘋漢砸毀，經過一個多月的修復工作，四面佛重新安置那天四周人滿爲患，擠得水洩不通。

這些人裡面當然有不少是來眞心膜拜的善男信女，可是其中也摻雜了許多賭徒，因爲現場一直有人高聲呼喊一組號碼，仔細一看，原來是載運四面佛那輛貨卡的車牌號碼，由於現場實在人太多，只好派出精壯善鑽者擠到前面察看車牌號碼，然後再高聲報知擠不進來的同伴。

更離譜的是泰國一到雨季經常鬧水患，湄南河水位更是逢雨必漲，沿岸市鎮有不少受災，結果卻有人賭起水災來。

水災怎麼賭呢？

當然就是賭什麼地方會淹水。結果竟然發生賭徒爲了贏錢，不惜破壞官方所築起的沙袋防洪堤壩。賭博賭到這種地步，也眞是嘆爲觀止。

泰國人眞聽話

二〇〇六年五、六月間，泰國政府規定所有的香菸不准上架，一律收進抽屜裡，商店只能掛出「本店有香菸出售」的牌子，命令下達之後一星期內就要執行。當時 7-Eleven 連鎖店就有很強烈反應，認爲這項規定太過嚴厲，香菸不擺出來，怎麼賣？

我也認爲這項命令牽涉太廣，而且只有一星期的應變時間，好像也不太近情理，恐怕很難執行。哪裡知道一星期之後，香菸居然眞的在曼谷街頭絕跡了，7-Eleven 雖然還是嚷嚷，但是也乖乖地將所有香菸收進抽屜裡。我當時就覺得納悶，咦？泰國人這麼聽話啊。

住久了之後，發現泰國人眞是聽話，不但聽話而且還認命。

我住的地方正靠著曼谷最繁忙街道之一的石龍軍路，平常若非必要很少出門，因爲實在不耐煩那種擠。我更是搬到泰國之後，才體會出什麼叫作「摩肩接踵」。

曼谷街道擁擠，人多固然是因素，但更重要的是攤販太多，特別是類似石龍軍路這種熱鬧非凡的街道，攤販就更多，人行道被佔得只剩下不足一公尺寬，哪裡能不擠？

不過那年遇到泰皇登基六十週年大典，泰方在七月間大肆慶祝，並且邀請各國皇室與會，爲了給

石龍軍路攤販

貴賓留下好印象，於是要求幾個重點地區的攤販暫時收攤兩星期。

石龍軍路一帶有好幾個五星級酒店，當然是重點之一，在那段時間裡攤販就眞的很配合不見蹤影，清爽得讓人難以置信，我那時天天出去「走街」，但是心裡也在想，這些攤販每日辛辛苦苦賺的都是蠅頭小利，兩個星期不營業，應該損失頗爲慘重，可是也沒聽說政府有什麼補貼，在別的國家，恐怕都要綁白布條上街了，泰國人卻乖乖地回家吃自己。

後來泰國政府更「變本加厲」。爲因應泰皇八十大壽即將來臨，規定每星期一（泰皇出生於星期一）不得擺攤，而且這個命令是涵蓋整個曼谷。曼谷唐人街「耀華力路」有很好吃的糖炒栗子，我有時專程去買，栗子攤居然鬼影不見，低頭看錶，原來是星期一。

從那時以來，平時攤滿爲患的耀華力路到了星期一眞是雲淡風清，人行道都突然變寬了，逛起來讓人心曠神

曼谷唐人街耀華力路

怡，愜意得很，而且出現了許多平常被攤販擋住的「新」店鋪。

泰國的星期一還另有個特色，就是人人都穿代表祝福皇上的黃色衣服，那眞是一片黃，讓人看到眼睛生癬。尤其是上、下班時間，公車站、渡船頭更是滿目皆黃。我就看到連無家可歸的乞丐都穿上雖然髒兮兮但還是黃色的衣服。

有位朋友頗好「馬殺雞」，想到就去，從來也不選日子。他說，「有次星期一去，哇，滿屋子的按摩小姐都穿著黃色的衣服，當場就沒興趣了。」從此以後他要再去，都會先留意一下是不是星期一。

泰國人這麼聽話、認命，無怪乎發生政變也都能笑嘻嘻地接受。

泰國人愛算命

搬到曼谷沒多久的某一天出外閒逛，信步走到大皇宮左近的「大象碼頭」附近，遠遠就看到路邊搭起了花花綠綠的棚帳。我這人一向喜歡湊熱鬧，這哪能放過？當然就走過去瞧瞧。

走近一看，乖乖，棚帳底下坐滿了密密麻麻的人，還有人在排隊，每張桌子都是一對一，正在集體算命呢。算命師五花八門，有男有女，有穿著打扮一如家庭主婦的，也有長髮蓄鬍貌似「天師」者，有的用紙牌，有的擺出八卦圖，還有的拿著放大鏡煞有介事地正在仔細檢視顧客的掌紋。

這是我第一次見到集體算命的陣仗，那個棚帳下，少說也擺了一百張桌子，場面確實壯觀。我那時的泰文一竅不通，居然也可以饒有興味地在那棚帳下繞了半天，「聽」人算命。

後來在曼谷待久了，才發現泰國人真是愛算命，特別是皇家田廣場周邊，從早上開始就有算命師開始「集結」。

這些算命師的「謀生工具」相當簡單，就是一個小皮箱，像旅者一樣迤迤然來到皇家田，選個樹蔭就地坐下，皮箱打開取出蓆子地上一鋪，擺出個小佛像和寫在厚紙板上的簡陋廣告，就開始營業啦。

他們的營業對象廣泛得很。皇家田廣場一帶頗多金髮洋遊客走動，許多其實只會一句「哈囉」的算命師也照樣伸手招攬他們。根據我的觀察幾乎沒有洋遊客會停下，只是我也不免遐想，萬一眞有洋遊客要算命，他們要怎麼溝通？

泰國人喜歡算命到什麼程度呢？

「泰華農民研究中心」曾經做過調查，發現二〇〇五年時，泰國人花在占卜服務上的開支高達四十億泰銖。

而且，占卜業除了「算命」本身之外還有可以帶動的「相關企業」。譬如說算命師在算出一個人的「歹運」之後，通常會建議冷汗直冒的顧客施捨行善以消災。

爲求趕快解除厄運者哪裡會不乖乖遵命。「泰華農民研究中心」發現，有百分之八十五的人表示會按照占卜師的建議舉行布施行善的消災儀式，而這

皇家田周邊的算命攤

方面所產生的費用更達到令人咋舌的兩百億泰銖，受益者則爲佛像鑄造業、動物放生業、宗教用品業。我住在湄南河邊，就常常見到泰國人帶著水桶到河邊，唸唸有詞之後將桶中活魚倒入河中放生。

除了街頭算命之外，現代科技愈來愈發達，許多算命服務也日新月異，通過電腦網路、手機簡訊來算命。這些服務有些收費，有些則是免費提供，已經有愈來愈興旺的趨勢。

也有不少泰國人「自力更生」，到書店買相關書籍來研究，一方面給自己免費算命，弄通了之後還可以開業呢。我有位泰國朋友有天拿我來「實習」，他看了我的掌紋後頗權威地說我會賺大錢，我一聽大樂，問道，「你怎麼看出來的？」沒想到他卻指著我的「生命線」說，「你看，你的『事業線』這麼長。」

曼谷集體算命

泰國田園風光特別美

坐遊覽車從曼谷去北方古城素可泰旅遊，我這人坐車一向不愛睡覺，總愛靠在窗邊看風景，就算是太陽炙人難耐，也會躲在拉下的窗簾後面從縫隙中「偷窺」。眞是沒辦法。

東南亞國家的鄉間景物多是原汁原味，甚是好看，良田阡陌、牛隻倘佯、工作中的農人俯仰其間，看著、看著、看著，似乎都可聞到青草香。

可是奇怪了，印尼、越南、寮國、緬甸……的鄉間我都去過，爲什麼泰國鄉間的風景特別好看，我一路看一路思索。想著、想著，居然給我想出道理來了。

原來，泰國鄉間的農田中沒有墳墓。

有次從中、越邊境坐長途巴士到河內，欣賞了七個小時的田園風光，但是也同時看了七個小時的墳墓，而且沿途幾乎沒有看到「公墓」，而是每塊田地裡都有墳墓。後來問越南朋友，才知道越南人不但興土葬，而且還要葬在自家的土地裡，以便死後還能跟家人常相左右。

這種習俗當然有其人情味，每家都有私人墓園，祭拜起來也方便得多。只不過東方人的墳墓感覺上比較「恐怖」，自家人覺得親切的墳墓，在不相干的人眼中，恐怕多少還是會覺得怪怪的，有回

我得到確實消息後立即整好裝備趕往政變現場採訪，心裡則頗爲忐忑。因爲這不但是我記者生涯也是此生碰到的第一個政變，誰知道會發生什麼事？

當天晚上下著濛濛細雨，氣氛顯得更加陰鬱，我在路上一直預想著可能碰到的狀況，甚至懊惱出門匆匆，忘了隨身帶「記者」臂章，以前在印尼採訪示威暴動時見到日本自由攝影記者戴著機車安全帽工作，覺得很好笑，此時卻心中暗罵自己粗心，爲什麼不把機車安全帽隨身帶著。

到了現場，雖然遠遠見到人影幢幢，可是，咦，怎麼靜悄悄的？

走近一看，兩輛坦克停在路邊，旁邊卻圍著一堆「觀眾」，有民眾、有記者、有觀光客，那些軍人都笑眼瞇瞇，毫無肅殺氣氛，大家都忙著拍照，還有些觀光客把坦克的大砲當作單槓，吊在

泰國政變，坦克上街

上面擺Pose留下「老孫到此一遊」照，軍人也都毫無所謂，端著槍當背景。

我當時的直接反應就是，「這是政變嗎？」

隨後趕到政變的中心點泰國國務院，情況也類似，兩輛坦克鎮守在大門前，士兵荷槍實彈駐守在旁，可是交通卻沒管制，計程車乃至於曼谷著名的「嘟嘟車」照舊來來往往。

我當天拍完暗夜中坦克停駐國務院大門的「緊張、肅殺」鏡頭後，就「直接」在坦克車旁邊攔下計程車回家。

第二天更不得了。幾個政變坦克車停放的地點簡直成了曼谷市的最新旅遊景點，尤其是停放在著名大理石廟前的那兩輛，川流不息的遊覽車來到，嘰嘰喳喳的遊客圍著坦克車讚嘆、拍照，根本忘了是要來參觀寺廟。還有廣告公司派出穿著清涼的辣妹，趕到五世皇廣場前坦克聚集最多的地方「出外景」，大拍廣告。

過了兩天在曼谷街頭，居然見到有些店家擺賣大批政變時的坦克車照片，一張五元泰銖，詢問之下，生意還真的好得很呢。

更有意思的是，泰國《國家報》在每年年底的例行十大新聞排行榜中，竟然沒有列政變這一項。

這真是二〇〇六年泰國的最大驚奇。

假證件大本營

泰國政府準備頒佈新的法令，加重偽造護照者的刑罰，將現行的最高五年刑期加倍為十年，希望能嚇阻違法的罪犯。

泰國政府之所以決定要這麼做，主要是因為接獲來自太多國家的抱怨，尤其是歐盟國家中的法國、比利時、葡萄牙、西班牙等，亞洲國家裡馬來西亞、新加坡以及香港等地的護照也是被偽造的大熱門。事實上，泰國偽造護照的「產量」早就高居世界第一名。

泰國會成為偽造護照大國，當然與其旅遊大國的地位很有關係。也就是說，泰國經常性的在境內有為數頗眾的外國人，這些人固然絕大多數都是規規矩矩的遊客，但是也夾雜著不少來自各國的作奸犯科者，他們藉著泰國「門禁」並不十分嚴格的巧門進入泰國，然後花筆不算太高的費用弄本假護照，自此搖身變為「另一國家」的人，等於是像「洗錢」般獲得新身分，從此又是一條「新好漢」，真是何樂而不為？

於是，在供需市場存在的情況下，偽造護照的行業自然隨之興盛。

易言之，如果這個現狀無法改變，市場就永遠會存在。所謂「殺頭的生意有人做」，面對十年的刑期，恐怕「慷慨赴義者」還是會不乏其人。

更何況，徒法無以自休，泰國能否徹底執行法令，也頗有疑問。

譬如說曼谷市內著名的旅遊區考山路，就是各種僞造證件的大本營。

兒子來曼谷看我，帶他去考山路逛，各種僞造證件的樣本廣告牌就大剌剌地排在路邊，還眞的是什麼都有，記者證、學生證、駕駛執照、畢業證書……

其實考山路的路頭就是當地的警察分駐所，由於考山路的外國遊客眾多，是泰國政府保安的重點，因此幾乎二十四小時都有警察不停巡邏，這些廣告牌這樣光明正大的擺在路邊，當然是警察視而不見的結果。

那天問了價錢，攝影記者證一張三百泰銖（美金八元）、國際駕照一張八百泰銖（美金二十一元）。這些證件都是放上你本人的照片，登錄你的護照號碼（當然你也可以選擇亂放個號碼），有效期、戶籍資料一應俱全，招攬生意的人還會提醒你『只能』用三年唷。」眞的跟「眞的」一樣。

我八年前曾經花了近三百美元，央請柬埔寨那邊的朋友幫我弄了張孟加拉發出的國際駕照。早知道有考山路，就不需要那麼麻煩了。

兒子當天就很心動，我跟他說稍安勿躁，等他朋友來了之後再作決定。

過了兩天，朋友來了，兩人結伴去考山路，回來的時候，兒子的脖子上掛著個「自由撰稿攝影記者證」，兒子的朋友更精采，掛了三枚，其中包括價值不斐的國際駕照。

我在各地採訪，經常會遇到「自由撰稿」的記者，下回一定要問問他們的證件究竟是從哪裡來的？

聞名港、台曼谷四面佛遭砸毀

位於曼谷市中心的著名地標、許多港、台、新加坡藝人都曾經參拜過的「愛侶灣」四面佛，二〇〇六年四月二十一日凌晨遭一名患有抑鬱症的二十七歲男子持鐵鎚砸毀。該名男子也在隨後遭到兩名當地清掃工人痛毆致死。

曼谷當局當時雖然將該處立即封閉，整個四面佛也用白布包起，不過還是有許多信徒在圍牆外隔著鐵柵欄膜拜。當時的泰國總理戴克辛聞訊後立即下令儘速予以修復。

由於當時泰國政局動盪不安，在泰國人心目中靈驗無比的四面佛又遭損毀，因此各種謠言滿天飛舞，甚至有人說那名男子並非抑鬱症患者，這是一起有意挑起事件的陰謀；更普遍的說法則是此爲很不好的厄兆，有人也直言如果戴克辛還不下台，泰國將會出現流血衝突。

其實，四面佛在泰國很普遍，幾乎每座大樓旁都有供奉四面佛的神壇，但是唯有「愛侶灣四面佛」香火最盛，每天都有成千上萬善男信女前來，現場更是從早到晚香煙瀰漫，從旁邊經過的行人都會被燻得眼淚直流。

這尊四面佛也深受港、台和新加坡藝人的崇拜，包括香港藝人狄波拉、梅艷芳、新加坡藝人范文芳都曾前來膜拜過，有人還每年定期前來還願。

「愛侶灣四面佛」之所以廣受信徒膜拜，主要是由於其當初興建時有如神話般的傳奇過程。話說一九五六年時，凱悅愛侶灣酒店在當地動工，但是奠基工程一直出現事故，甚至還一度停頓，據說也有多位工人離奇死亡，最讓建築公司感到不可思議的是，一艘運送大理石建材的船隻居然也莫名其妙發生船難沉沒。

由於建築工人以拒絕工作要脅，建築公司於是恭請印度教婆羅門法師來占卜，法師作過法事後很權威地表示，該地的土地神法力高強，必須要供奉四面佛才能予以壓服，建築公司跟酒店方面商量的結果，決定在工地旁建一座四面佛神壇。

另個說法則是法師指出，由於「愛侶灣」（Erawan）其實是「大梵天王」坐騎三頭象的名字，現在被旅館使用，等於是三頭象已經來了但天王卻還未到，所以應該建座神壇，讓天王也來到當地。

說也奇怪，四面佛神壇在一九五六年十一月九日落成之後，酒店工程變得出奇順利，過去所發生奇奇怪怪的事都一夕之間銷聲匿跡，酒店也順利建成。如此這般，這座四面佛神壇法力無邊之說於是不脛而走，一傳十、十傳百，不旋踵之間就成爲曼谷的重要地標，也是到曼谷旅遊團的固定景點。

四面佛原名「大梵天王」，是印度婆羅門教的三大神之一，乃是創造天地之神。土地公則是中國的神，是「地方官」，碰到天神，自然輸了一籌。只不過天神再厲害，碰到更「厲害」的人類，卻

愛侶灣四面佛

也不免身首異處的命運。

當天事發時相當突然，前述男子出人意外地闖入神壇，然後發瘋似用力揮起鐵錘往四面佛砸去，四面佛金身頭部當場碎裂、落地。

附近的計程車司機和市民見狀憤而抓住男子痛毆，兩名在當地清掃工人更持鐵條予以痛擊，結果男子倒斃在距離四面佛五十公尺凱悅愛侶灣酒店入口處。警方後來證實該男子名爲達納空，在六年前患上抑鬱症，這幾年經常進出醫院。

在四面佛壇販賣鮮花的女子婉蒂對媒體記者表示，她在當地已經賣了三十多年的鮮花，但是從來沒有見過該男子。達納空的父親帕迪坡則告訴警方，他的兒子在二十一歲被徵召入伍時就患上抑鬱症，出事前一天晚上怒氣沖沖離家，卻沒料到他竟然跑去砸四面佛。

四面佛被砸之後更是謠言滿天，反戴克辛的媒體名人林明達公開表示他有內幕消息，指稱四面佛之所以被砸，是因爲「有人」想在重建時放進「自己的東西」。林明達雖然沒點名，但是大家都知道他指的就是戴克辛。

戴克辛陣營則信誓旦旦地表示，根據他們查問法師的結果，四面佛被砸其實是自我犧牲，代泰國人民受過，因此泰國的動盪形勢將會自此漸入佳境。

是耶？非耶？大概只有四面佛自己知道了。

萬民愛戴的泰皇

二〇〇六年當中，泰國最重要的一件事莫過於慶祝泰皇浦美蓬登基六十週年紀念，這個盛大的慶典已經過去了兩個多禮拜，可是後續的相關活動卻一直還在繼續，最明顯的就是許多民眾仍然每天穿著代表慶祝的黃色T恤。在此之前，就有不少人表示要一直穿到十二月五日慶祝泰皇萬壽節爲止，現在看起來還眞不是隨便說說。

浦美蓬在六月九日當天，曾在阿達南皇宮陽台現身。當天有超過十萬民眾一大早就前往佔個好位置，目的就是要親睹皇上的聖顏。浦美蓬在陽台上出現時，更有許多群眾激動得淚流滿面。事後，浦美蓬與詩麗吉皇后揮手向民眾致意的照片，立刻成爲全泰國民眾爭購的搶手貨，泰國各地的裱畫鏡框店更是門庭若市，生意滾滾如潮，因爲買到照片的民眾都要愼重其事將照片裱裝在高貴的鏡框裡掛在家中。

還有一個例子就是位於曼谷市中心馬尼亞中心頂樓的「外國記者俱樂部」，這個記者組織是東南亞最具規模也最有活力的記者團體，經常舉辦各種活動，各國記者也喜歡沒事就到俱樂部晃晃，聯誼一下，當然都是很隨興的，很多時候都可見到會員穿著短褲、涼鞋。

曼谷街頭泰皇肖像無所不在

但是，六月一日當天俱樂部卻發出了「重要通知」，內容是提醒要參加次日攝影展開幕式的會員或非會員都必須著正式服裝。

什麼攝影展呢？

原來正是浦美蓬登基六十週年的特別攝影展。

這就不是開玩笑的事了。

因爲在泰國，泰皇乃至於皇室有無上的尊榮，絕對不可有任何對他不敬的言語或舉動。更重要的是，雖然對泰皇不敬可以嚴重到觸犯刑事罪，但是泰國人對泰皇的尊重，完全是自動自發出自內心，絕不是因爲畏懼會遭到處罰。

不少人對泰國的印象是來自於當年膾炙人口的影片《國王與我》，但是鮮有人知的是，這部影片卻從來沒有在泰國上映過，原因就是泰國人認爲這部影片根本悖離事實，其中部分內容也有對皇室不敬的嫌疑。

甚至於深陷政爭狂潮的泰國總理戴克辛，在四月五日宣布不再出任下屆總理而且「暫時」離開政壇時，所持的一個理由便是希望他的決定能使各方放下歧見，共同合作、努力辦好泰皇登基六十週年大典。

戴克辛把泰皇抬出，擺足了他顧全大局的姿態，反對團體也只好偃旗息鼓宣告收兵。結果戴克辛後來「復出」，召開的第一個內閣會議就是商討如何辦好登基大典，反對團體雖然氣得牙根發癢，可是登基大典轉眼將屆，有誰敢在這個當口鬧事？只好摸摸鼻子放出典禮過後再算帳的狠話。

那麼，泰皇為什麼如此有威儀呢？最重要的就是泰皇獲得全體泰國人民的愛戴。其中一個很重要的原因是浦美蓬雖然不問政事，但是卻眞正做到了仁民愛物，贏得民心。

幾乎所有的泰國老百姓提到泰皇時，都可以對他全泰國走透透探視民間疾苦的事蹟朗朗上口。從小在泰北清邁成長，現在曼谷經營勞務仲介的徐裕星就指出，「在泰國，我可以說只要有人的地方，泰皇都去過了。」也正因為如此，浦美蓬也贏得了「泰國最勤奮的人」的稱號。

他們也會告訴你，泰皇所住的皇宮實際上就是個龐大的農、漁、牧實驗場，泰皇親力親為帶領進行各種實驗，然後再將實驗成果轉移給民間，這樣的項目多達五千件。

在泰國的廣大鄉間，許多設施都是以泰皇或皇后之名捐助，泰國人民耳濡目染，自然對皇室產生敬重的心理。另外如泰國南方省分這幾年不甚安寧，詩麗吉皇后就先後多次到泰南探視，有時候一住就是十天半月，更讓當地百姓感到「皇恩浩蕩」。

除此而外，泰國百姓對皇室的敬重當然還有歷史及社會結構的因素在內。

泰國到處可見泰皇肖像

泰國實施君主立憲制，但是現今的卻克里王朝已經持續了兩百二十六年，王室的傳統並未中斷過，因此在結構上還是相對階級制度較爲明顯的國家。

一位在泰國已經居住十多年的華人便指出，他認識一些泰國警方高層人員，有時也有機會跟隨他們到各處走訪。他說，「你知道嗎？這些警方大員到鄉間時，地方下屬向他們作報告時是跪在地上的。」

同樣的，戴克辛雖然貴爲總理，但是他覲見泰皇時也一樣斜跪在地。類似這樣的儀式，就很自然地塑造出泰皇高高在上的威儀。

一般的泰國百姓當然無緣覲見泰皇，但是泰皇其實無所不在，大街小巷裡隨處可見泰皇肖像。另外譬如說電影院，開場之前一定會播放段歌頌泰皇的〈崇聖歌〉，所有的觀眾也必須起立致敬，這種潛移默化，也讓尊重泰皇變成生活中很自然的一部分。

學泰文

一九九八年到東南亞，前六年住新加坡，那裡英文、華語連台語嘛乀通，一點問題都沒有。二〇〇四年搬到曼谷，哇，完全是另個世界。泰國的市井小民幾乎都不懂英文，不會講泰文使得日常生活上困難重重，經常比手劃腳老半天，還是無法讓對方理解究竟自己要幹什麼。所以，我就去報名學泰文。

選的學校是在曼谷頗富盛名的「AUA語言學校」。這個學校的教學方式非常特別，沒有教材、沒有功課，甚至在開始上課後的前四百個小時內還不准學生開口講泰語，甚至也不鼓勵在課堂外講。

他們的理論是，強迫自己學文法、背誦發音，最後反而會變成說的不是標準泰語，因此學語言應該是用「自然發展」的方法，就像嬰兒牙牙學語一般自然而然學會之。

因此「AUA」的教學方式是兩位老師在台上胡說八道，題材每天都不一樣，可能是當天發生的新聞，可能是國家大事，也可能是日常生活上柴米油鹽等瑣事。由於上課的老師沒有「逼學生」的壓力，來上課的學生也都是抱著參加「綜藝節目」現場的心理，課堂裡時時充滿笑聲，非常有意思。

但是正由於上課完全是「自由式」，因此很大程度上要靠學生自己的毅力來堅持。偏偏這點正好是我最缺乏的，再加上工作的關係，我在AUA的上課就有一搭沒一搭，一年多的時間像「打擺子」般跌跌撞撞升到第二級（總共十級）。心想日常生活上簡單的事總可應付了吧，所以就輟學「入社會」了。

前一陣子重感冒，床上躺了三天，結果某天起床鏡子裡見到個滿頭亂髮、一臉病容的「老頭子」，立刻就下決心去剪頭髮，而且是要把已經留了兩年多的長髮一次剃乾淨。

走進理髮廳之後，我立刻「秀」出自己的泰文「達摩，麥奧遼」。泰文中「達」是「剪」的意思，「摩」就是「沒有」，「麥奧遼」就是「不要了」。因此我說的是「剪光，都不要了」。那個理髮小姐笑吟吟地回了聲「OK」，就帶我去後間洗頭。

要剪光了還洗什麼頭？

但是我已經兩年多未進理髮廳，也頗懷念洗頭的舒適，就跟著去好好地享受了洗頭之樂。洗完頭之後她帶我回位子又笑吟吟拿出吹風機，我就開始懷疑她可能沒聽懂我要剃光頭，於是就再度「用泰文」跟她「確認」。結果赫然發現她還眞是沒聽懂。

這也不奇怪。因爲泰國人一般很客氣，也有點害羞，特別是面對外國人，很多時候聽不懂也一直點頭說OK。我在這方面的經驗頗多，有次在A地點當面約泰國人到B地點用餐，對方滿口OK，結果約會當天苦等不到，電話聯絡的結果，原來她卻在A地點「苦等」我呢。

話說當天我在理髮廳內賣力解釋到其他理髮小姐都嘰嘰喳喳圍上來的程度，結果還是沒人懂。拿起店內的髮型雜誌想讓她們「看圖識字」一下，可是要命，裡面全是有造型的，硬是找不到一粒光頭。

怎麼辦呢？

所謂「天縱英明」，還眞一點都不假。當時正值世界足球大賽期間，泰國人瘋足球是有名的，我靈機一動，就問她們這幾天有沒有看世足賽轉播。

「Foot Ball」這個英文她們還是聽得懂的，我見到有好幾個理髮小姐點頭，就指著自己的頭說「Zidane, Zidane」。

賓果！她們這下都聽懂了，而且一個個笑得花枝亂顫。因爲那幾天最大的新聞就是法國隊隊長Zidane在球場上用頭槌把義大利隊球員馬特拉齊撞翻在地，而Zidane的標誌就是理了個大光頭。

那位小姐於是把吹風機換成推子，三兩下就把我的頭髮推光了。

這就是我學了一年多泰文的「成果」，你還能說泰文不難嗎？

一窩蜂

泰國人眞是一窩蜂，從二〇〇六年初開始，爲了慶祝泰皇登基六十週年及第二年的八十大壽，泰國人每逢週一就穿上爲泰皇祈福的黃色衣服，因此每到週一觸目所及都是一片黃。到現在，繡有皇室標誌的黃色馬球衫還是銷得「嚇嚇叫」。

泰皇受泰國人民敬重，民眾穿黃衣也完全是出自眞心，但是泰國人一窩蜂並不僅僅是穿黃衣而已，銷得風生水起的「節都坎（Jatukham Rammathep）佛牌」就是一例，泰南洛坤府還發生民眾搶購「節都坎佛牌」，結果卻因推擠而造成一名婦人當場被踩死的慘劇。

節都坎佛牌其實並不是新鮮的東西，早在二十多年前就在洛坤府的馬哈塔廟推出，初時一個佛牌的售價不及一百泰銖，銷售狀況也只是平平而已，這麼多年下來，陸陸續續出了四百種版本，也從未眞正大銷過，只是泰國上萬種佛牌裡的一支。

哪裡知道從二〇〇六年初突然傳出節都坎佛牌有奇效，別種佛牌的保佑都要很久才會兌現，而且兌現後還得還願。節都坎佛牌卻不然，不但應驗很立即，幾乎有求必應，而且還無須還願。

這個虛虛實實又「好康」的傳言出現並且經過媒體廣爲報導之後，節都坎佛牌一夕之間爆得大

泰國一窩瘋「節都坎佛牌」

名，突然變成民眾搶購的對象。

在泰國頗有名氣，有「盜匪剋星」之稱，也是節都坎佛牌最初版本製造人之一，年過百旬的前警察少將攀塔洛也出面指證節都坎佛牌神蹟歷歷。菲律賓「馬格賽賽獎」泰國籍得獎人針隆也在一本年鑑中仔細敘述了攀塔洛的說法，更使得節都坎佛牌的神蹟獲得了「加持」。

尤有甚者，攀塔洛於二〇〇七年過世，由泰皇御賜聖火火化，信徒蜂擁至洛坤府膜拜，更使得節都坎佛牌身價直線上昇。

有陣子，曼谷市內賣佛像的批發市場全部「改行」，店裡堆的都是節都坎佛牌，只有老顧客來的時候，才會秀出「壓在底下」的其他貨品。洛坤府更是不得了，府內旅館全部爆滿，每天有超過一萬名遊客進入，其中很大多數都是來蒐購佛牌，甚至包括遠從馬來西亞、新加坡等地慕名而來的收集者。

有位清潔婦「改行」賣佛牌，短短的時間便從擺地攤搖身變爲連鎖店老闆娘。這樣的發跡故事在洛坤府俯拾可得，更增加了佛牌的傳奇，儘管不少有識者對這個「不正常」的現象提出警告，可是慕名而來的搶購者還是一天多似一天。

在這個風潮之下，最早一批價值不足百銖的節都坎佛牌身價已經被炒成上百萬。一位礦場主人就花了一百二十萬泰銖買了枚一九八六年的「原版」佛牌而登上了新聞版面。

在觀光勝地普吉島甚至有家當舖也乘勢打出廣告，成爲第一家專收節都坎佛牌的當舖。

有趣的是，節都坎佛牌這麼風行，卻幾乎沒有一個泰國人說得出它的來歷，光是「節都坎」究竟是什麼人，是一個人還是兩個人？就有好多個版本，唯一確定的是，不管是一個人或兩個人，「節都坎」根本就不是泰國人。

泰國已成醫療旅遊大國

經過長達十多年的努力，當時在「環境所逼」的情況下走向「國際化」的泰國醫療服務，已在周邊國家的強力競爭之下脫穎而出，顯然穩居「一哥」地位，單單以二〇〇六年來說，外國人赴泰就醫收入就高達兩百四十億泰銖（美金七億），成爲世界上規模最大的外籍人士就醫國。

泰國發展旅遊醫療始於一九九七年，而且是由私人醫院帶頭。當時泰國經濟一夕之間崩潰，泰銖大幅貶值，大家都收緊了褲帶，有了病痛也不再前往私人醫院而是去收費低廉的公立醫院求醫。

面臨了這個空前危機，在私人醫院裡居龍頭地位的曼谷「康民醫院」（Bumrungrad Hospital）立即決定開發國際市場以「救亡圖存」。沒想到這個山窮水盡的突圍，倒還眞的走出一條坦途，業務蒸蒸日上。

至今爲止，康民醫院有三分之一以上的病人是「老外」，整年所收取的醫療費用中，更有超過一半是來自於求醫的外國人，康民醫院不但已經把名稱改爲「康民國際醫院」，連美國「哥倫比亞廣播公司」「六十分鐘」特別節目都直接把康民醫院稱作「病人聯合國」。

康民醫院現在已經收容過來自超過一百九十個國家的病人，接待室內不僅掛滿「萬國旗」，還設有包括英文、中文、日文、韓文、法文、德文、阿拉伯文、希伯來文、孟加拉文、寮文、柬文……在內的服務櫃檯。

不僅如此，康民醫院也已發展成一個包含醫院、旅館、餐廳、藥局、百貨店在內的自給自足社區，所有病人的任何需要，在醫院的範圍內都可以解決。

也正是因爲有康民醫院的帶頭與成功範例，泰國的許多醫院也紛紛加入這個市場，彼此的競爭進一步使得針對外國病人的旅遊醫療配套更趨健全、完備。

泰國的旅遊醫療之所以成功，廉價當然是個重要因素。一般而言，即使是像康民醫院這樣在泰國人心目中的「天價」醫院，其醫療費用比起歐美國家還是便宜甚多，大約是八分之一到十分之一之間。

泰國的醫師水準也並不低。康民醫院就有超過兩百名獲有美國學位的醫師。更重要的是其服務水準快速、周到。

譬如說在美國，如果要找心臟專科醫師，可能一個星期前就得預約，但是在康民醫院，掛號當天就可以獲得安排。這樣的方便，讓許多前來的外國病人印象深刻，一傳十、十傳百，泰國醫療的「俗擱大碗」名聲，很容易就傳播出去了。

康民醫院也與泰航合作推出醫療旅遊配套，從最初的試點曼谷開始，很快就發展到涵蓋清邁、普吉島在內，旅客來泰國旅遊，其中一個節目就是到康民醫院作身體檢查，健康、娛樂兼顧，自然大受歡迎。

泰國人的「小名」危機

曼谷的導遊多身懷一項絕技，就是一口氣背誦出曼谷市的泰文名字。

爲什麼說是「絕技」呢?因爲曼谷的泰文名字長得令人難以想像，曼谷市政府廣場前還特別立了個曼谷的泰文名石碑。

但是別怕，曼谷市的泰文名雖長，但是泰國人平日僅稱之爲「苦籠貼」（**Krungteh**，「天使之城」之意）。這就是曼谷的「小名」。

同樣的，泰國人的名字一般也都很長。像是被政變推翻的前總理戴克辛，他的名字其實應該是「戴克辛．辛拉瓦特納屈」。他流亡到英國買了「曼徹斯特城市」職業足球隊之後，深恐英國人唸不來他的名字，開玩笑說，「你們也可以叫我『辛納屈』（已故美國名歌星）。」其實他的名字比對方還多出了「拉瓦特」。

不過也別緊張。因爲幾乎所有的泰國人都有小名，而且全是簡潔的一音節，原因就是名字太長，連自己媽媽都叫不來。更有趣的是，泰國人的小名跟本名基本上完全沒關係。

泰國傳統上是農、漁業爲主，因此父母給子女取的小名也都很「鄉土」。我有位朋友本名叫作

「莎琳娜帕婉」，出生的時候，親友送來橘子祝賀，所以她的小名就叫作「頌」（泰文「橘子」的意思）。

另位朋友生的矮矮胖胖，跟蝦子一點都扯不上關係，但是他的父母一口咬定是有天吃完泰國名菜「酸辣蝦湯」（冬炎貢）之後才懷了他，所以給他取名「貢」（蝦子）。

所以泰國人名字雖長，但是你叫過來、我叫過去，都只有一個字。個子生得矮小，就有可能被叫「咧」（小）；彪形巨漢叫作「崽」（大）；東北部泰國人皮膚多黑，小名「簞」（黑色）的就特別多。這種取小名的傳統，儼然已是泰國文化上的特色。

但是泰國近年也不免受到西方文化侵襲，取小名的傳統雖然如昔，很多卻已質變成取「洋名」，而且已經引起該國文化部的注意，擔心有

曼谷市泰文名全世界最長

朝一日，泰國的「小名」文化將會全盤西化。

根據泰國文化部常任秘書維拉（本名「維拉・拉節普節恰拉魯阿拉特」，小名就一個字，「拉」）表示，現在泰國有百分之四十的中學生、百分之五十六的小學生取洋名，相對於僅有百分之六的大學生取洋小名，可見得取洋名的趨勢確實存在。

目前最受歡迎的洋小名是「球」（Ball），因爲這也是泰國最著名網球明星帕拉頓・斯里差攀的小名。學生圈內則流行湯姆克魯斯、伊麗莎白、查理等標準洋名。看多電視影集的父母也有給孩子取名「黑手黨」（Mafia）的；7-Eleven便利商店在泰國頗爲普及，就有孩子的小名叫作「Seven」（泰國人只認前半段的「7」，後面的「11」就省略啦）。

維拉對《紐約時報》表示，該部已經準備把傳統的泰文小名編印成冊廣爲散發，希望能繼續傳統。只不過，抵擋得住嗎？許多人都頗表懷疑。

九七年的幽靈

一九九七年，亞洲爆發震動全球的金融危機，引爆點就在泰國，泰銖一夕之間由兌美元一比二十五暴跌百分之二十，市面一片蕭條，許多企業停擺、關門，當時曼谷市還特闢一場地，讓急需現金者拍賣物品，現場居然連小飛機都有人擺出來賣。

如今十年已經過去，泰國當然早已度過了危機，而且數年前也創下首個還清「國際貨幣基金會」貸款國家的紀錄。只不過，曼谷市區內還留下許多當年危機爆發之時，被建築商遺棄、施工至半途的建築，這些荒廢至今只剩骨架的建築，有不少是位於精華地段，與周邊已經完成的亮麗建築對照起來，顯得特別突兀，它們也有個獨有的共同稱呼——「九七年的幽靈」。

根據統計，當年金融危機爆發之後，共有五百零八處未完成的建築停工，十年以來，固然有不少已經再重新開發，但是還有一百二十八座半完工的廢棄建築物散置在曼谷各處，其中最引人注意、最有名的一座，就是位於石龍軍路五十六巷，戴克辛橋左近面對湄南河、樓高四十九層的「沙呑獨一處」大樓（Sathon Unique）。

這棟大樓的特殊之處在於，它的主體建築幾乎都已經完成，氣勢相當宏偉，與相隔不遠的曼谷著

曼谷市內這樣的荒廢大樓還有不少

名地標、設計完全雷同的「國家大樓」（State Tower）遙相呼應，遠看其實並分不出兩座大樓有何不同，走近一看才知後者原來是一座「廢墟」。

九七年經濟危機發生之後，這些「爛尾樓」被泰國「財政重建局」接管，隨即遭到賤價拍賣的命運。當年估計價值十八億泰銖的「沙呑獨一處」以七千萬賣出，結果至今新的業主並沒有任何重新啓動的跡象。

根據瞭解，這些荒廢的大樓之所以未能重新開發，一方面係由於擁有的人揑在手上待價而沽，更多的情況是當年「財政重建局」

處理這些產業時弊端叢生，很多接手者其實並無能力重新開發，在無法高價轉手的情況下，只好任其荒廢。

只不過在都市內留有這麼多「殘骸」，畢竟不是件賞心悅目的事，而且實際上也有安全的顧慮，更有很多廢樓已成了犯罪者聚集的溫床。現在，許多有識者已經提出呼籲，希望當局能夠拿出方法，譬如由財政部出面買下這些廢樓，然後再找尋適合的或原先的地產商重新開發。

譬如說「沙呑獨一處」的原開發商就有興趣讓它「復活」，但是卻礙於法令及價格無法著手，最近甚至進入了耗時費日的法律程序。如果沒有政府積極介入，這些「九七年的幽靈」，恐怕還會繼續留在曼谷很長的時間。

雞雞廟

泰國是旅遊大國又是著名佛國，看廟，當然是旅遊的重點。單單曼谷就有許多旅客耳熟能詳的廟宇，譬如說臥佛寺（Wat Pho）、玉佛寺（Wat Prakeo）、唐人街的金佛寺……等等，都是很理所當然的「老孫到此一遊」景點。

但是旅遊最炫的其實是到「老孫都沒去過的地方」。躲在曼谷一個角落裡的「靈根廟」就可能是這樣的所在。

說它躲在角落裡，一點都不誇張，因爲不但一般旅遊書沒有記載，要眞的找到它還頗費周章呢。去「靈根廟」的方法是這樣的。面對著位於奇隆（Chit Lom，電車可到）的中央洋行（其實就是「中央百貨公司」Central，泰國人的英語發音很奇怪，居然會把 Central 發音成「聖誕」），左手邊叫作奇隆路（Soi Chit Lom），直直落五分鐘就會碰到一座陸橋，別上橋，右轉進入一條兩邊都在蓋房子的無名小巷。房子當然不可能永遠在蓋，必較好認的路標是巷口的建築上寫了「頌奇坊六號」（Somkid Place 6），就是這裡了。

順著這條彎彎曲曲的小巷走到底，會碰到一條你很希望兩邊有垂柳或櫻花什麼的小運河，越過運河在警衛哨的地方左轉，「靈根廟」就很隱密地躲在前方濃密的樹叢、花叢、「根」叢裡。

「靈根廟」的眞名其實並不叫作「靈根廟」而是「塔普亭神壇」（Tuptim Shrine），其起源至今沒有定論，只知道當初是建來祭拜住在園內那株大榕葉榕（又稱爲「哭泣的無花果」，美多了吧）上的精靈。後來不知何故，變成祭拜塔普亭女神，然後又不知何故，不知從何年何月竟然開始拜起陽具來了。

供奉的祭物也從白茉莉花而蓮花苞，現在則是點香祭拜。

「陽具」，這個詞太「生理」又具象，遠不如「靈根」含蓄、宗教。「靈根」（Lingam）就是陽具，指的是印度教中濕婆神的性器形象。濕婆神又稱「大自在天」，翻譯成「濕婆」顯然是譯音（Shiva），實在是很爛的翻譯，濕答答的又是個「婆」。

其實「濕婆」是男性，而且相傳他的「種子」太強，不是他的老婆芭法蒂所能承受得起，於是當年他還得去到恆河，一舉讓六位精靈懷孕，生了六個孩子。

言歸正傳，這個「靈根廟」還眞是名副其實。因爲從入口起，

雞雞廟裡觸目皆是陽具圖騰，圖中為戴著領巾的「牛仔雞雞」

那條小徑就是用兩排大大小小的「雞雞」作爲護欄，蜿蜒而入，恐怕已不下上百根。小徑的盡頭是個小神壇，前後左右全是各式各樣、各種 Size 的靈根，有小如拇指者，亦有巨如鋼砲甚至高達十呎者，很多都纏有花花綠綠的絲布，也有掛著令人發噱的兩粒蛋，材質則包羅萬象，木的、石的、銅的、鐵的、大理石的，什麼都有，眞是觸目皆雞雞。

神壇周圍有信徒留下的木雕象、香、蠟燭、花環，還有些私人物品如化妝鏡、梳子、指甲油……等等，看得出來到此祭拜者多爲女性，所求自然不外乎子嗣、延續香火，一旦如願，就會帶著靈根來還願，所以愈積愈多。

東南亞不少國家都有靈根這種東西，但只有泰國作得最具象，就是根生殖器，柬埔寨就作成像石磨一樣的東西，含蓄得多。泰國的靈根，小號的，泰國人拿來作鍊墜掛在脖子上；中號的用根繩子穿（有時候是

雞雞廟步道入口

泰航標誌取材自靈根

很多根串在一條繩上）起繫在腰間；大號的則供在店屋或家裡隱密處，據說可以帶來財運。

有機會到曼谷玩，不妨去逛逛靈根廟，興趣來了也可以去買一根，曼谷雙龍夜市（Suanlum Night Bazaar）祿武里（Lopburi）七巷，有家名叫 Lonecrane 的店就有很完整的收藏。

另外還有個小祕密，下回搭泰航時不妨仔細瞧瞧其標誌，看看像什麼？

越南

菲律賓

寮國

阮氏香荷

一九九九年首度到越北的河內市，朋友派了秘書來接機，名片一遞上來，「阮氏香荷」。我笑著說，「妳是日本人嗎？」

阮氏香荷也笑，「不是啦，我是越南人。」華語說得眞是字正腔圓，是河內大學中文系畢業生。

越南女人的名字眞的很「古時候」，在現今華人居住的地域裡，恐怕也只有古舊墓碑上才看得到。

後來在河內東逛西逛，發現越南還眞的很中國，古廟裡全是正統的漢字，河內著名的文廟裡展示了一堆石碑，上面刻的都是咬文嚼字的中國古文；還在一處參觀了有關越南古時進京趕考老圖片，考官穿的都是中國朝服，闈場圖片也滿足了對中國古老過去的想像。但卻是在越南？

其實直到現在，越南高中畢業證書雖然是用越南文書就，可是頭銜卻稱作「秀才文憑」，至於大學文憑？那還用問，「舉人文憑」是也。

所以，阮氏香荷也好，轟動台灣的「搞軌案」受害人、越南新娘陳氏紅琛也好，都是保留中國傳統的結果。台灣有陣子流行去這個化，去那個化，沒什麼，安哪，有天如果需要「禮失而求諸

河内市文廟内的中文碑刻

野」，可以就近到越南尋找之。

我考證了一下，我們所用的「姓氏」這個詞，在古時候其實是有區隔的，「姓」乃源自於母系社會，所以中國最早的姓大都從「女」字邊，如姜，姚，姒，嬀，嬴……等，而「氏」則是按父系來標識血緣關係。

因此阮氏香荷的「阮」乃是從父姓。越南人在這一方面頗爲開通，生下孩子可以選擇從父姓或母姓，只是絕大多數還是從父姓，因此滿街都是這個氏，那個氏。至於男人乃「一脈相承」，無須藉著姓氏來標示血統，所以名字中就沒有「氏」這個字。

越南至今也還保有母系社會傳統。

這也是「老古董」，存在於世界上許

多傳統部族中。只不過母系社會並不是想像中的女王高高在上，底下一堆男人孜孜矻矻伺候她，而正好是相反。

在越北，田中工作的幾乎都是婦女，男人一早就出門，坐在街邊跟朋友喝咖啡、聊天，因此越南女人是出名的刻苦耐操，也是操持家務及經濟來源的主要支柱；越南男人則一般好逸惡勞，每天閒閒沒代誌，在一九八〇年代以前，越南男人基本上都是「入贅」到女家。

也因爲如此，越南女人對「老公」期待不高，甚至於覺得可有可無。在越南女人的心目中，孩子排第一、父母排第二，「老公」？可能還排在朋友後面呢。

所以不少嫁到台灣的越南新娘因各種原因再離開台灣，不論本身情況多麼困難，都選擇把孩子帶在身邊，以至於現在已經有大批的「台灣之子」在越南生活，除了找越南新娘之外，也有很多台灣郎到胡志明市的台灣經濟文化代表處求助，找尋「逃妻」跟子、女。

恨美國人、愛美鈔

前一陣子，越南警方在中部慶和省逮捕了十位當地人，罪名是他們涉嫌在公墓中盜取骨骸，然後當作是越戰期間在越南陣亡的美軍遺骸出售。

問題是不但有人買，而且價格還高得離譜，一具遺骸的要價可以高達一千九百美元。一般越南人平均的薪水每個月大概就是五、六十美元，一千九百美元當然是筆數目。

那麼，越南人拚了老命要買這些骨骸作什麼呢？

原來江湖傳言如果可以提出美軍的遺骸，美國政府就會提供金錢甚或移民簽證作爲補償。

美軍十年越戰期間的陣亡人數大約在五萬人左右，大多數已經證實身亡，屍骨也運回美國下葬，但是約莫還有兩千人下落不明，列爲戰爭中失蹤人口（Missing In Action）。

十多年前，美國與越南恢復邦交，美國政府於是開始每年都花費上百萬美元，企圖尋找這些失蹤的大兵，生要見人，死要見骨。這是美國政府近人情的一貫作法。只不過根據瞭解，美國政府並沒有對發現美軍骨骸的個別越南人提供金錢或美國居留身分的作法。

但是一般越南人並不太搞得清楚，這就給了非法之徒可乘之機，他們謊稱交出美軍骨骸將可以取

河內市 B-52 轟炸機紀念館

得美國居留權，居然這樣隨便盜些骨骸就可以當作美軍遺骸出售，只是他們願意鋌而走險，顯然是因為眞有買主。

美軍是在一九六五年開始正式在越南參戰，前後打了十年，越南軍民死亡高達一百五十萬人，所以越南人提到美國人都咬牙切齒，他們最恨的就是美國人。

可是越南改革、開放十多年以來，過去那套共產主義的意識型態早就被拋到九霄雲外了，現在是經濟壓倒一切，只有「向錢看」是唯一眞理。

我有位朋友在河內市已經住

胡志明市戰爭博物館

了十多年，他問越南朋友最恨的是什麼，答案是毫不猶疑的「美國人」。最愛的呢？答案也是絕不遲疑的「美鈔」。

越戰結束後，許多南越的人逃到美國定居，這些年也都陸續回越南探親或觀光，他們在美國也許過的只是中下生活，可是跟現在的越南人比起來，當然還是優渥得多，所以很多人都認為美國遍地美鈔。越南人既然那麼愛美鈔，「不入虎穴，焉得虎子」當然就是最自然的考慮，一旦有人拿假骨骸說是可以憑之前往美國定居，越南人就一廂情願地上當啦。

越南人對美國人的愛恨情仇，最具體的表現在胡志明市戰爭博物館，那裡面展示了各式各樣美國用來攻擊越南的武器，展出的圖片均為美國在戰爭中的殘忍暴行，介紹文字中也都是抨擊美國帝國主義。

但是博物館的賣店裡最大宗的貨品就是陣亡美軍的識別名牌（Dog Tag）、手錶、用品等等，標價都是美金。

其實我深深懷疑，這些貨品跟前述的美軍遺骸一樣，都是假貨。

禽流感雞穿梭中、越邊界

越南官員證實從中國走私偷運入境的雞隻發現有禽流感病毒，查到病雞的地點則是與中國廣西憑祥市接壤的諒山。

提到諒山，可能有些人不知道，但是〈血染的風采〉這首歌應該許多人都耳熟能詳，這首歌唱的就是中、越「諒山之戰」的慘烈。

只不過，現在的諒山已經完全看不出從前發生過大戰，跟更北邊的芒街一樣，都成為市容興旺的邊貿重鎮，也是禽流感雞進進出出的關口。

一位熟知內情的人指出，二○○五年越南流行禽流感時，共有兩萬噸的雞翅膀、雞爪偷偷緊急從芒街出口，經由對面的中國廣西省東興市進入廣東的內陸市場。他說，「這些原先一塊錢人民幣一斤的雞肉，裝滿一櫃子是四萬斤，到了廣州賣八萬元人民幣，太好賺了。」

用貨櫃走私？這麼明目張膽，私貨還是禽流感「嫌疑雞」。不抓嗎？

他說，「抓什麼抓唷，邊境檢查哨小兵的位子，你知道嗎？要花五十萬人民幣才弄得到喔。」

根據他的說法，邊境檢查哨人員有的根本就不需要親自收錢，他們晚上開著車子停在路邊，把車窗打開睡覺，一覺醒來就可以數錢，因爲走私的人都自動把錢從車窗送進來。大家心照不宣。其實也不是不抓，隔一陣子，也會抓一、兩次作作樣子，交交差，「抓光哪行吶？大家都甭吃飯了？」

駐守芒街的越南邊防軍每三個月就輪換一次，就是因爲走私、偷渡之風太盛，防止他們與地方黑勢力勾結。

那麼，此地的走私之風有多盛呢？

這位人士表示，芒街與東興之間只隔著一條小河，所以一到夜黑風高，東興那邊可熱鬧了。公路上是摩托車大軍「嘟，嘟，嘟」，河上則是小艇穿梭，也是「嘟，嘟，嘟」，載著橡膠、香菸往內地四散而去。當然，布匹、成衣、玩具、電器就以同樣方式反其道從中國方面過來。

很多人不知道越南還出產橡膠。這位人士說，「怎麼沒有，每天從這邊過去（東興）的橡膠，我告訴你，有七百噸，差價是每噸三千人民幣，你算算看吧。」

東興市跟憑祥市一樣，過去都是不起眼的廣西邊城，但是邊境貿易從一九八四年開始萌芽之後，現在已經發展成現代化都市，靠的就是越境撈錢，現在芒街有三座中國人興建的商貿城，許多東興市的商人一早就過界來開店，主要是作批發生意，大體上開店到中午就打烊回東興，這些商人加上走私客，每天在中、越邊界進出的人估計有一萬人之譜。

邊境貿易中有相當一部分涉及非法走私，所以很難有正確的統計數字，不過根據非正式估算，東興與憑祥兩地的邊貿金額每年應該有二十億人民幣。

芒街這邊，當然也跟著邊貿而發展起來，最明顯的就是豪華壯觀的「利來娛樂中心」，其實就是越南把土地租給中國人開賭場，越南人不准進入，中國人則越界來賭，兩邊都避掉了法律問題，由於中國警察無法越界來抓人，也造成了很頭疼的問題，就是爲數不少的貪官污吏攜帶公款來賭博，也發生過一位中國銀行高層人員輸光公款，結果在芒街旅館內自殺身亡事件。

事情發生之後，越南方面曾經在中國的壓力之下勒令賭場停業，但是風頭過後又悄悄復業了。

越南經濟發展動力是摩托車

一九九八年第一次到越南，最深的印象就是滿街摩托車。九年來去了無數次，越南的經濟發展愈來愈快，摩托車也愈來愈多，除了晚間十一時以後到早晨八時之間這個時段，無論是胡志明市或是河內，整天都是「隆隆隆隆」的摩托車聲，成千上萬的摩托騎士，從早到晚在擁擠的道路上熙來攘往，這個國家怎麼會不充滿活力、衝勁？

越南的摩托車多，結果也形成了獨特的摩托車文化。

首先，越南的街道不管多寬，似乎都沒有快車道、慢車道之分，或者是其實有，只是大家都不理睬，因爲在越南，摩托車與汽車是「平平大」的，汽、機車極其自然地混雜一堆，誰也不讓誰，全靠喇叭「開路」。

其次，越南的道路絕大多數都是雙向道，但是只要一碰到紅燈，那條路不要幾秒鐘就會變成單向道，原因就是後到的摩托車一直往前擠，因爲是紅燈，對面的車過不來，不旋踵間摩托車就把應該是留給對向來車的車道擠滿了，如果站到街口左右一瞧，就只見到兩堆密密麻麻的摩托車像兩軍對陣般準備衝鋒，綠燈一亮就更加精采，雙方人馬總要在十字路口廝殺好一陣才可突圍而出。

其三，越南沒人戴安全帽。其實越南當局曾經強制摩托車騎士戴安全帽，結果沒想到是基層的公安（警察）帶頭反彈，他們嫌戴安全帽太熱而且影響聽覺反而造成安全顧慮，所以集體拒戴。這下可好，執法的人都不戴，又如何能要求百姓呢？只好收回成命，規定在市區可以不戴安全帽，但是如果在市鎮之間騎車就必須戴。在河內市郊工業區開設工廠的高銓寶就說，「還眞的會抓呢。」所以他每次「進城」都戴安全帽，進城之後到達「安全地帶」，就不戴了。只是越南實在太熱，所以鴨舌帽大行其道，街上到處可以見到賣鴨舌帽的商店、地攤，也成爲越南一景。

摩托車多，空氣自然受到相當污染，所以幾乎所有的騎士都戴口罩，也使得越南成爲可能是全世界口罩數量、種類、花樣最多的國家，尤其是女性爲了兼顧防曬，還發展出一類別致的蒙面口罩，主要是塊帶有暗釦的花布，蒙住臉後將花布的兩端用暗釦扣在帽子的後腦勺部位。這樣，就只有兩隻眼睛露出看路。

由於幾乎每個人都有摩托車，所以也產生了互相比較、炫耀的文化，就像手機一樣，每有新款上市，許多越南青年就把騎了其實並不算久的舊車，送去車行折舊換新。所以越南車行裡一眼望去雖然都是嶄新發亮的車子，其實裡面有許多都是「舊車」。

另外，在越南別看到對方騎摩托車就覺得他「沒什麼」。我在越南認識的好幾位台商「陳董」、「黃董」、「周董」……，平常都是以摩托車代步。

有次在河內請一位在下龍灣開設餐廳的老闆娘舊識吃飯，她婀娜多姿盛裝而來，餐畢送她出餐廳，才發現她是騎摩托車來的，坐上車時還需優雅地將長裙下襬挽起。

那麼，說了半天，摩托車究竟與越南的經濟有什麼關係呢？

就舉個例子吧。別的我不知道，但是我知道在越北的芒街和對面中國廣西省東興市之間，每天走私過去的橡膠就有七百噸之多，這些私貨，大部分都是摩托車「嘟嘟嘟嘟」運過去的。

惦惦呷三碗公的經濟發展

越南在二〇〇六年底成功地舉辦了「亞太經合會」（APEC），之前位於日內瓦的世界貿易組織（WTO）也才正式同意讓越南入會，再加上近年來令人驚豔的經濟飛躍成長，前往河內報導「亞太經合會」的國際媒體都大量地介紹了越南的經濟成就，「明日之星」、「經濟起飛」等的譽詞充斥在媒體版面上。

事實上也是如此，在過去的十年間，越南每年都可以維持超過百分之七的成長率，是成長速度僅次於中國的經濟體。

可是奇怪呢？在表面上竟然看不出來。

從前去過河內的人都應該可以發現，河內確實興建了新機場大廈，但是那個建築也眞的很小、很簡單，而且跑道還是舊有的，不經過提醒，可能有人根本感覺不出來其「新」。

往市區進發的路上，風景其實與過往也無多大變化，一樣的稻田、一樣的農舍；進了市區，除了因應「亞太經合會」而多出一些用鮮花築成的大型看板之外，市容也與過去殊無不同之處。

河內是政治中心，而越南的經濟發展主要是以胡志明市爲火車頭，所以胡志明市應該像中國的幾個大城市一樣，幾年不見就讓人認不出來了吧？

結果也不是呢。胡志明市還是一樣的小裡小氣、擁擠兼雜亂，巷道像迷宮，走進去就擔心出不來，店鋪門面多半都只有三公尺寬，路邊東一堆、西一堆人坐在小板凳上喝咖啡、聊天。怎麼看，都不像是個經濟飛速發展中的大都會。

曾經擔任過越南台商及世界台商總會會長的「老越南」呂春霖笑著指出，「沒錯，越南的經濟發展在表面上確實看不太出來。」根據呂春霖的觀察，胡志明市或者河內市的市容沒發生什麼變化，最主要的原因是老市區的土地徵收困難，因爲越南經歷了三十幾年戰爭，到處都是烈士遺族，他們在社會上有特殊地位，政府也不會強制徵收他們的土地，因此導致許多建設開發案卡在土地無法取得的困擾上。

呂春霖特地舉出台灣長榮集團當年準備在頭頓投資建港的失敗例子，指出除了越方合夥對象人謀不臧之外，另個主要的原因就是土地無法徵收完全。

越南政府對這個現象其實也無可奈何，乾脆「將計就計」，把胡志明市和河內市都規畫出「老市區」觀光景點，倒也別成特色，吸引了不少觀光客。

住在胡志明市的「越香集團」董事長杭慰瑤對前述的現象則有另一番觀察。他指出無論胡志明市或者河內市的老市區地產開發困難，最主要的原因是地價過高，造成地產商望之卻步。

那麼，是誰在炒地皮呢？

胡志明市富美興新都心開發計畫區（王遠茂 攝）

杭慰瑤指出越南全國的財富基本上都集中在河內、胡志明市兩處，而北方（河內）達官貴人所擁有的屬於所謂「權力財富」（Power Money）。舉例而言，數額可觀的邊境貿易、走私乃至於毒品交易，其實都在北方，這類生意靠的都是關係、權力，北方的官員也因此累積了大批財富。

問題是越北本來就只是政治中心，相關的公司、企業規模都不大，官員對做生意原本也外行，所以這些「權力財富」很難轉型進入正常企業體系，於是最便捷及不傷腦筋的方法就是炒地皮，三炒兩炒，就把地皮炒到令人望而生畏的地步。

台商主導的「中央貿開」在胡志明市近郊赫赫有名的「富美興新都開發計畫」，就是最好的例子。這個佔地七百公頃，類似台北信義計畫的辦公大樓、住宅區在開發之初根本沒人看好，胡志明市的台商也都興趣缺缺。

哪裡知道「北方」的錢卻選了「富美興」下手，一時之間達官貴人一傳十、十傳百，紛紛在「富美興」購置產業，不旋踵之間，「富美興」的房價直線上昇，現在已經變成有錢還不一定買得到。許多台商如今提起「富美興」都一副很懊惱的樣子，恨自己當年有眼無珠。

雖然舊市區開發困難重重，但是越南經濟飛速成長確是事實，現在外資地產開發商也已經紛紛進入，採取的方式則是往市區外造鎮，「富美興」其實就是個例子。另外，「亞太經合會」召開所在的河內美亭區亦是一例。

雖然河內市區一仍舊貫，但是美亭區卻讓人有「驚豔」之感，新建的國際會議中心氣勢恢弘，周圍有許多新近建成或正在建造的大樓，馬路又寬又直，新式的大型超級市場也就在左近。

因此，如果在河內舊市區對越南的經濟發展有所懷疑，只要轉到美亭區來瞧瞧，就可以體會出「果眞是呫呫呷三碗公」。

烤豬

東南亞有兩個國家的警察很特別，他們的制服非常貼身，全身上下包得緊緊，原先用意可能是要凸顯出健壯身材以增加值勤時的威儀。可是天下事不如意者十之八、九，這兩個國家的警察身材都不怎麼樣，而且以肥胖居多，尤其是菲律賓，警察穿著制服簡直就像用線繩紮著的湖州粽子。所以菲律賓政府還曾下令警察大爺要進行瘦身，否則將開除之。

這個威脅確實有效，許多警察先生紛紛進行各種瘦身運動，可惜收效甚微，而且三拖兩拖混過去了，也沒聽到什麼眞正受處分的狀況。

其實根據我的觀察，警察先生身材走樣，跟這兩國人民嗜吃烤豬大有關係。

我對烤乳豬的「初體驗」就是一九九〇年前後在曼谷所完成。

菲律賓流行吃烤成豬

馬尼拉烤豬街

那時一位朋友開發出治癌症的藥，泰國有位華裔富豪用了之後效果甚佳，大樂之下遂邀請朋友至曼谷一遊，朋友爲了宣傳，就約我同行以便作出現場報導。

到了曼谷之後，對方盛情相待，在一家豪華餐廳設宴。席開不久，上來一道癟癟的、四肢張開、烤成金黃色趴在盤子上的乳豬。

那眞是乳豬，長不過十吋、寬最多五吋吧，豬眼瞇著好像被烤時很享受的樣子。

我可傻眼了。還眞得吃這個啊？我從小對皮呀、脂肪之類的東西都敬而遠之，烤乳豬兩者兼具，如何下嚥？

可是主人殷殷相勸，說是泰國最出名的菜肴，朋友本來就是開餐館出身，也擺出內行人的姿態大讚此道名菜，好像只有「豬腦袋」才會放過此等珍肴。我能不吃嗎？

於是掛出一副優雅鎮定的笑臉，挾了一片閉住呼吸送進嘴裡，老實說，嚼都沒怎麼嚼就嚥下去了，哪裡會記得是什麼味道？

那是我此生第一次嚐烤乳豬，也是最後一次，自後不管別人怎麼說我不知享口福，我就是拚死不吃。現在住泰國，跟烤乳豬打照面的機會當然更多，可是從未破例，「堅其心，持其志」，此之謂歟。

哎呀，扯到哪裡去了？

前面提到菲律賓警察身材臃腫，原因是菲律賓人嗜吃的不僅是烤乳豬，他們愛吃的是烤全豬，一隻完完整整的「大豬」！

馬尼拉近郊奎松市有條名爲卡拉維塔的街，就是有名的烤豬街，整條街都是烤豬店，店家從清晨五點左右就開始烤豬，到八、九點左右，整條街就擺滿了一排排黃澄澄還在滴油的烤豬，十分壯觀，顧客駕車來沿街挑選或入店內大嚼，生意興隆得很。

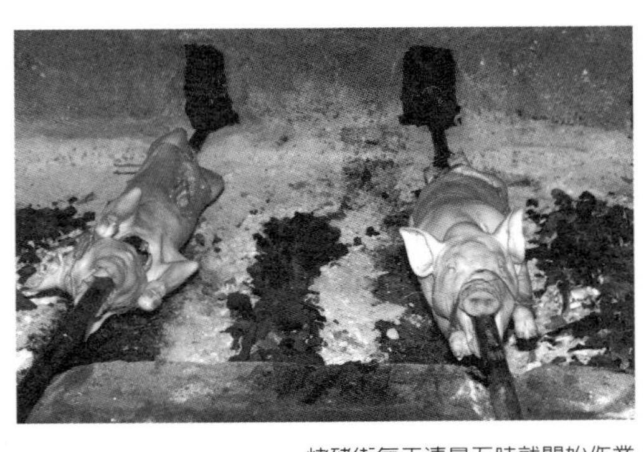

烤豬街每天清晨五時就開始作業

菲律賓人把烤豬稱爲「臘蔥」（Lechon）。我住新加坡時請了位菲律賓幫傭，有時逗她，故意說「臘蔥」，似乎都可看到她在吞口水。她也承認那確是菲律賓人的最愛。

我查了一下，這個字乃出自於西班牙文的「烤乳豬」（Lechon Asado）。但是烤乳豬在菲律賓究竟是如何變成烤成豬（成年的豬）？值得考證一番。

馬尼拉的華人墳場

馬尼拉値得探訪的景點不少，但是最特別的恐怕要屬華人墳場——「華僑義山」。

華僑義山的特殊之處在於，第一，進門要收費，這可能是全世界唯一要收門票的墳場，因爲此處是觀光勝地，每天大大小小的遊覽車，載著眼睛睜得像桂圓般觀光客穿梭其中，熱鬧得很。第二、華僑義山一點都不像墳場，因爲跟四周的馬尼拉貧民窟比較起來，簡直就像個中上人家聚居的社區，馬路頗寬，還有街名呢，汽車、行人、自行車來來去去，街角有許多賣冷飲、簡餐的攤棚，可口可樂招牌迎風招展，無怪乎它有一個外號叫作「死人之城」。

華僑義山的歷史由來已久，最早可以遠溯至西班牙殖民政府時期，當時華人頗受歧視，尤其那些不肯轉信天主教的華人更是受到隔絕，久而久之，華人就很自然自成聚落，死時當然也就葬在一處，也自成一個「社區」，成爲華人墳場的雛形；日後華人經商有成，經濟狀況較一般菲律賓人富裕得多，墓舍就愈蓋愈豪華，演變成今日這種觀光勝地的局面。

華人肯花大筆的金錢在墓舍的興建上，當然與愼終追遠有點關係，但是很大程度上也是出於互相炫耀，不希望被別人比下去。也就因爲這樣，這處佔地五十二萬平方公尺的華僑義山，終於被建造

相信嗎？這些房子其實是墓室

成像個小型市鎮一般，裡邊居然還有「特級區」、「公寓區」、「普通區」及「貧民住宅區」之分。

「特級區」內的墓舍造價都在一百萬披索（兩萬餘美金）以上，其金碧輝煌的程度教人嘆爲觀止。例如最「豪華」的「黃永成墓舍」，屋頂就是全部用眞金打造，房間裡也是整片整片的大理石。「湯光翼注佳城」更是高達三層的廟宇式建築，非常壯觀。「公寓區」的墓舍造價比較便宜，但也都要七、八萬披索之譜，共通點是除了廳堂上掛著死者的相片之外，其他與一般「活人」的住家完全沒有差別，廁所、風扇，甚至冷氣都有。

華人擺譜的另一方式，就是在出殯的時候雇用警車開道，費用也不算高，大約一千披索（美金二十元）就可以雇到一位全身配戴齊全、威風凜凜，騎著摩托車的「正牌」警察；再稍微多花一些錢，也請得到閃著紅燈的警車開道。所以在華人墳場見到這種場面，並不意味著是什麼大人物出殯，死者很可能就是在馬尼拉某個街角開設雜貨店的華人老闆。

華僑義山由於年代已久，還眞頗有可觀之處。譬如「林合路」上的吳記球墓園，門上的對聯寫的是「觸目碎牙琴　公死莫從談革命」，「傷心懸季劍　山空猶自燦靈光」。不但典雅，還是位革命家呢。

又如僑領「吳沃從墓舍」雖然已經破敗不堪、雜草叢生，卻從蔣中正、陳誠、于右任、賈景德、張道藩的輓聯石刻一樣不缺，當年風光可見一斑。

到每年十一月一日的「亡人節」，華僑義山更是熱鬧非凡，大家都來掃墓。其實華人的掃墓並不是眞正的掃，因爲絕大多數的華人平時就雇有專門的人負責打理墓園，一年四季都乾淨得不得了，所以華人只是藉著這個機會讓親朋好友聚一聚，大家向死者的靈位上過素果祭品之後，就擺開桌子打麻將、吃喝聊天，入夜之後更是燈火通明，彼此串門子串得不亦樂乎，墳場內還擺有夜市呢。

所以，有機會到馬尼拉旅遊，一定得去見識一下「華僑義山」，而且最好是選在「亡人節」的時候，那才是眞的熱鬧。

馬尼拉搶劫故事

都說菲律賓首都馬尼拉的治安不好，但是不好到什麼程度呢？

有回到馬尼拉採訪，通過中央社駐地記者林行健約了新加坡《聯合早報》記者莊銘燈以及資深媒體人施能炎先生見面餐敘，閒聊之際談到馬尼拉搶案猖獗，幾乎每個商場都有持槍警衛，我半帶開玩笑順口問了一句，「你們有被搶過嗎？」

結果不問還好，一問大吃一驚，因爲三個人都被搶過。這個比率未免太高了吧。更有意思的是施先生，他年齡比我們大得多，也許正因爲年齡大，竟然已經累積了八次被搶的紀錄。白髮蒼蒼的他笑瞇瞇地說，「我經常被搶。」

林行健說他被搶過兩次，一次是走在路上有人向他問時間，他抬起手腕看錶，對方竟然惡狠狠地說，「你的錶不錯嘛，我跟你換好不好？」換？行健兄自小在馬尼拉長大，哪裡會不懂「行情」，當場二話不說就把錶摘下來給了對方。

第二次則是在十字路口等紅綠燈，有人一把搶走他的皮包。不想追回來嗎？「追，窮寇哪裡能追？菲律賓人窮，搶也是不得已，一般都不傷人，錢財身外物，給他就算了。」

但是莊銘燈那次被搶就掛彩了。他是深夜回家，就在離住家不遠處被人從後面抱住行搶，總共有兩名搶匪，結果他的手臂被對方所持的刀劃傷，「其實他並不是有意要傷我，我猜他是自己緊張得發抖，反而不小心把我劃傷。」

被搶之後，莊銘燈本來想認倒楣算了，但是附近的三輪車伕表示知道是誰搶的，因爲「每天都看到他們在那裡搶。」莊銘燈於是就去報案，結果還眞就在附近逮到了搶徒，「其實我被搶的時候根本沒看到他們的臉，能指認出來，是因爲我的手錶就戴在他（搶徒）的腕上。」

施先生第一次遭搶的時間就「古早」了，那時是故副總統陳誠訪問馬尼拉，他奉派去採訪，「我記得錢復是隨行秘書，爲了愼重，我還特地穿了整齊的西裝出門。」

結果上車十分鐘之後，後座竟「突然」多出兩個人還亮出刀子，「我就讓他們自己拿，我口袋裡其實只有六塊錢披索，他們說，『你穿這麼漂亮的西裝，怎麼可能只有六塊錢？』我就跟他們說，『我的錢都買西裝了。』哈，哈，哈。」

施先生的一位朋友也是坐計程車，本來應該直走，車子卻繞進馬尼拉的西班牙王城區，結果後面就有車跟上，四個人下來搶劫，他的朋友被洗劫一空，只好央求搶匪留下二十元坐計程車。搶匪居然也給了。

我說，「他還敢坐計程車啊！」一桌人都笑翻了。

煩死人的菲律賓警察

菲律賓的治安不好跟警察大有關係。

這話怎麼說？來，來，讀讀以下的故事，都是眞實發生過的。

一位台商半夜出門買東西，結果被歹徒盯上，硬是把他的車子彎停在路邊，押著去提款機提領了十幾萬披索，前後過程大約三、四小時。

他灰頭灰臉去警局報案，筆錄一作九個鐘頭，期間不斷有其他不相干的警員前來「關心」案情。問題是，來的每個警察都要塞給五百披索「感謝費」。

筆錄作完事情並沒了，從此以後每天都有警員上門「報告案情進展」，而且每天還不只來一個人。這些人，也都要塞小費打發。

麻煩的是，案子永遠破不了，警察還是天天上門「報告」。台商最後受不了，花了一筆「大的」，表示不想再繼續追究，只拜託警察不要再上門。

另一位台商的遭遇也差不多。他的公司遭小偷侵入，損失了二、三十萬披索，報警之後警察每天來公司借車，說是要查案但是自己無警車可用。台商只好借車。借了車之後，對方說沒錢加油，只好再付油錢。油錢到手後又說辦案一整天公家不付餐費，台商又只好拿出誤餐費。

就這樣，整整折騰一個月，警察每天來借車、領錢，總說有進展卻又總是不破案，搞得台商煩不勝煩，最後也是「拜託」對方別辦案了。

菲律賓警察死要錢的現象十分普遍。交通違規要罰兩千披索以及參加講習。警察會說，「我幫你去繳錢，可以不用講習。」這錢，當然是進了他的口袋。講習？講什麼習？案子根本沒報上去。

知情者舉例，菲律賓一位警中校的待遇大約是每月兩萬披索，一般家庭都有四個孩子，光是一學期的學費就要四萬元，「一有機會，當然拚了命訛詐。」

菲律賓警察素行不良（林行健 攝）

在菲律賓，發生了命案幾乎都破不了。曾經有位台灣人在馬尼拉遭人殺害，他的父親從台灣趕來處理，菲律賓警察竟然跟他說只要付五萬披索，就負責把兇手「幹掉」，幫他報殺子之仇。

死者老父因爲信佛，想想還是算了。而且就算是付了錢，誰知道警察會不會眞的去「幹掉」兇手，或者誰知道警察幹掉的是什

馬尼拉灣是著名景點（林行健 攝）

麼人？警察如果眞知道兇手是誰，爲什麼不抓人？兒子死了，還眞死得冤枉。

馬尼拉灣是著名景點，一到晚上遊人如織，十分熱鬧，可是要小心，陷阱不少。一位台灣遊客在馬尼拉灣附近「吊到」一名年輕菲律賓女子，以爲碰到豔遇，帶到旅館之後還沒辦成事，該女子的父母、居住地的村長、警察突然破門而入。

這下慘了，與未成年女子發生性關係在菲律賓是重罪，只好花一百萬披索和解。女孩家得三十萬，村長三十萬，警察三十萬，律師十萬，警察局長還說，「算是不錯了，日本人、韓國人要三百萬才夠。」

到菲律賓？小心囉。

當舖是菲律賓窮人的銀行

在菲律賓，不管是大都會如馬尼拉或是地方小鎮，有一個共同的風景便是到處都是當舖（Pawn Shop）及舊貨店（Junk Shop）。這兩種生意其實是菲律賓一般普羅大眾日常生活中的重要支柱，有些研究報告根本就直接把「當舖」分類爲「銀行體系外的金融機構」。其重要性可見一斑。

曾經在馬尼拉長住過的台商潘渭平就指出，菲律賓人一向過的是「我倆沒有明天」的日子，左手領到薪水，右手就去購物、還債，手裡根本沒有餘錢，更別談儲蓄了。

他說，所以很多人感到奇怪，菲律賓人這麼窮，怎麼購物中心卻一座比一座大，而且還都人滿爲患呢，「其實菲律賓人消費力很強，我甚至於覺得，他們想很快花掉錢，是因爲已經沒什麼錢了，但更怕別人來借，所以乾脆先趕快花光。」

也正因如此，菲律賓人在需要錢而又沒錢也借貸無門之際，立刻想到的就是拔腿前往當舖，把平日「揮霍」所購之物典當，其實就是把當舖當作抵押貸款的銀行，質押的物品則無奇不有，常見的則是金飾、手錶、手機之類。

菲律賓人「什麼都當」的故事頗多，最讓人傳頌的一則發生在菲律賓民答那峨島最貧窮的南古達巴托省。

若干年前，該省國家調查局接獲報案，指稱鎮上一家當舖暗中進行軍火交易。

調查局人員後來果然在當舖中發現六把槍，只是其中五把赫然是警用配槍。進一步調查結果發現原來是該省五名警員爲了籌措子女學費而將配槍典當，而且已經交當了一個月之久。那段時間，這幾位老兄每天都「徒手」值勤，萬一碰到歹徒有槍，就只好舉手投降。

菲律賓人對當舖的感情是很深的，因此很多當舖店名都是取家鄉人稱號作爲號召，後台老板則多爲華人。若干年前，馬尼拉華埠一位華人連鎖當舖大老闆的兒子遭到綁架並釀成血案，還成爲轟動全菲的大新聞。

除了當舖之外，一般菲律賓人就業率差、教育低落，許多人找不到工作，只好以販賣舊物維生，是

當舖是菲律賓窮人的銀行（林行健 攝）

以舊貨店亦大行其道。

其實，說是「舊貨店」倒還眞有點言過其實，比較接近事實的說法應該是「賣破爛的」。很多「舊貨」的原始來源根本就是馬尼拉近郊著名的帕亞塔斯垃圾山，那個地方每天有成千的貧民撿垃圾，許多「舊貨店」就在垃圾場旁邊擺設收購攤位，當場收購。同樣的，這些舊貨店的幕後老闆也大多是華人。

總之，菲律賓人對艱困的生活視之如常，使用舊衣物、用品、傢俱、舊車、舊建材並不會招來異樣眼光，經營二手貨的小盤、中盤、大盤也自然形成一個小型經濟循環體。

最有意思的是香港去年出了一份報告，大讚在港工作的菲傭經常光顧當舖，雖然其典當的物品「來源」可疑，有可能是偷自雇主，但是因爲在香港工作的菲傭愈來愈多，居然「救活」了有一百四十多年歷史，已經苟延殘喘的香港典當業。

菲律賓選舉色彩繽紛

菲律賓二〇〇七年五月十四日舉行參、眾議員，地方首長及議員的期中選舉，總共有四萬六千餘名候選人角逐近一萬八千個各級職位，規模不可謂不大。

不過菲律賓選舉最有特色的地方就是候選人形形色色，電影明星、廣播名嘴、拳王、叛軍領袖、政變軍人……全都湊上一腳。其次就是各種舞弊層出不窮，暴力事件此起彼落，那次的選舉，半年之內就已有將近一百人因參與選舉而遭刺殺。

這麼「危險」的選舉，為什麼還有人「奮不顧身」呢？

一位不願透露姓名，在馬尼拉已經待了三年多的中國記者就表示，他曾經應一位參選的菲律賓朋友之邀到對方家鄉觀摩選舉，結果「瞠目結舌」地見到參選人大擺宴席、「公開」發紅包「買票」的盛況。

但是最讓他吃驚的就是獲知這位朋友的家族在當地是政治世家，他的父親和兄長都因為從政而先後遭政敵暗殺了，可是他還是「前仆後繼」地要參選其實也不過就是個小小的地方市長職位。

他說，「我經過明查暗訪之後才知道，市長雖小，但一旦當選之後，所有的預算就等於私人帳戶了，利益大得很，所以才會這麼『勇敢』參選。」

菲律賓崇拜英雄，但是被崇拜的對象還不一定需要是「眞英雄」，電影裡扮演的英雄也一樣大受歡迎。因此當年電影明星艾斯特拉達才能當選總統，甚至於另位電影明星費南多．波伊參加上次大選亦聲勢驚人，很多人都相信，如果不是艾若育陣營「作票」，現在坐在馬拉坎揚宮裡的應該是波伊。

這次的選舉也不例外。著名影星薇爾瑪就參選巴坦戈司省長，她的競爭對手卻是自己的小叔，雖然引起家族內的紛爭，但是她的先生、參議員瑞克托卻不敢置一詞，因爲他在二○○一年獲選，靠的就是薇爾瑪的「知名度」。

另位競選連任的參議員潘吉理蘭也一樣，他以無黨無派身分獨立參選，可是他卻有最可靠的「靠山」，就是他的妻子、菲律賓巨星夏穠．邱妮塔；代表政府「和諧團隊」參選的蒙塔諾也是知名巨星。雖然他完全沒有任何從政經驗，但是他說，「我們有這麼多『聰明的』、『口若懸河』的人從政，可是他們究竟做了什麼？」

此外，根據菲律賓的法律，任何沒有犯罪紀錄同時受過教育的人都可參選公職。因此有些關在牢裡還未判罪的人也堂堂參選，而且當選的機率還很大呢，因爲他們「有名」、「受迫害」。

二○○三年七月發動「一日政變」的海軍上尉崔蘭狄斯就在獄中參選，他雖然無法進行競選活動，但是支持者都主動把他的資料貼上網站，後來也果然當選。

政變頭頭參選而且獲選早已有先例。大名鼎鼎的何納山當年就是因爲「老是」政變暴得大名之後當選參議員，不久前他又因爲涉及政變被捕，不過最近已經獲得保釋，正在各地馬不停蹄地進行選戰呢。

還有一位就是二〇〇一年發動叛亂導致一百餘人死亡的前「莫洛解放陣線」領導人密蘇瓦里。馬尼拉法庭已於九日允許他出獄，在警方突擊隊成員「押解」下回老家民答那峨蘇祿省進行省長競選活動。

政變到參議員

菲律賓現任總統艾若育是在二〇〇一年就任，好笑的是，她做得最有「績效」的事就是化解政變，因爲六年以來她宣稱總共化解了兩百多次大大小小政變。所以在馬尼拉，許多人提到軍隊時都癟癟嘴、搖搖頭，「菲律賓的軍隊不是用來抵禦外侮，而是專門對內的。」

然而有趣的是，雖然菲律賓發生這麼多政變，卻好像沒聽說過有成功的紀錄，都像是「銀樣蠟鎗頭」比劃、比劃，事後發動政變的人也沒聽說受到什麼嚴厲的處罰，有些反而因爲「老是」政變而飛黃騰達呢。

「老帥哥」參議員格林哥．何納山就是一例。此君生得風流倜儻，一九八六年菲律賓發生第一次人民革命時，他一身野戰戎裝、紮條領巾，不知迷死多少菲國婦女同胞，男同胞則夢想以他爲師，他也從此成爲「萬人迷」偶像。

結果他在阿奎諾總統任內多次發動政變，雖然都未成功，但是奇怪呢，他的「英雄」形象卻直線上昇，最後竟然被選入參院，作起人人稱羨的參議員。

等到艾若育上任，他還是不安於室，許多政變據傳都跟他有關係。其實眞的是否與他有關似乎也不重要，因為只要一有政變，艾若育政府就唯他是問，他也很有本事地立刻配合「人間蒸發」成為「逃犯」。

舉例而言，艾若育上任之後的二〇〇一年五月，馬尼拉發生了群眾衝擊馬拉坎揚宮事件，艾若育當時宣布馬尼拉進入「叛亂狀態」，那時正進行參議員連任的何納山也被列為陰謀叛亂者，還被宣布為「威脅國家安全的逃犯」。但是何納山對政府的「通緝」不理不睬，照樣進行競選活動，最後還連任成功。「生米煮成熟飯」之後，菲國當局好像也忘了他還是「逃犯」，後來不了了之。

更有意思的是，不久以前菲律賓政府又以「顛覆國家」罪名逮捕何納山，指稱他與三年前發生的一場政變有關。同樣的，何納山依然老神在在參加選舉，而且又順利連任。

有了何納山的前車之鑑，菲律賓軍人似乎也發現了終南捷徑。二〇〇三年，海軍上尉崔蘭狄斯也在馬尼拉發動軍變，雖然該場政變以流產告終，崔蘭狄斯也鋃鐺入獄，但是他卻以「正義化身」在獄中參選參議員。儘管他不能進行競選活動，卻自有一批崇拜者把他的競選政見、資料貼上網站，結果也當選了參議員。

從上尉到參議員，原先是完全可望而不可即的事，如今卻手到擒來，這都要拜菲律賓人盲目崇拜英雄之賜。所以艾若育在上次軍變危機落幕之後，立即採取一連串拉攏軍人的措施，包括與軍方展開對話、承諾提高軍人待遇，以及為軍人提供廉價國宅等。

爲了穩住眾軍頭，很多部會首長都由軍頭出任。二〇〇五年的第三次「人民革命」不成功，也得歸功於艾若育籠絡軍頭的手腕。

「政變」可以有這麼好的結果，也無怪乎菲國軍人「閒閒無代誌」的時候就想「來一下」了。雖然菲律賓軍人政變老是虎頭蛇尾，但是在關鍵時刻，軍方仍然是可以在政治上發生作用，特別是政爭到決戰點時，軍方向哪一方傾斜，往往是決定勝負的因素。最明顯的例子就是菲律賓的兩次「人民革命」。

一九八六年二月二十二日，菲國國防部長恩瑞利和武裝部隊代理參謀長雷莫斯，在百姓示威活動進行得如火如荼之際，宣布脫離新當選的總統馬可仕，支持反對黨領導人科拉蓉，最後導致馬可仕出亡夏威夷。

二〇〇一年一月，同樣是菲律賓百姓進行大規模示威，要求涉及貪瀆的總統艾斯特拉達下台，結果在僵持不下之際，國防部長安吉洛・雷耶斯、武裝部隊總司令奧蘭多・梅爾卡多以及軍警高級官員宣布對艾斯特拉達「撤銷支持」，迫得艾斯特拉達只有倉皇辭廟一途。

準此觀之，菲律賓軍方在該國政治上鮮少有主動的角色，但是在關鍵時刻卻可發生決定性影響。

菲律賓「老鳥」談選舉

我在二〇〇七年菲律賓期中選舉前一個月到馬尼拉採訪，約了幾個當地的朋友談菲律賓政治，提到二〇〇五年那場差點把總統艾若育拖下台的「人民革命第三集」，當時對艾若育殺傷力頗重的一件事就是爆出她在開票之前曾經與菲國選舉委員會主委佛吉利歐．蓋席蘭諾通電話，很具體的提到「必須要贏一百萬票。」最後，艾若育還眞的就贏了這麼多票。

反對陣營據此鳴鼓而攻，一口咬定作票的證據確鑿。艾若育當時面對這個狀況的危機處理是承認有通電話，但是目的只是關心選情，堅決否認有任何舞弊行爲；另一方面則安排蓋席蘭諾「人間蒸發」，躲開所有的查詢。

那天，因爲在座都是菲律賓的「老鳥」，我就問了一句，「她（艾若育）眞的有作票嗎？」問完之後，眾人先呆了半晌，結果突然一起爆出笑聲，好像我說的是「火星話」。

其實我一問完就知道自己問錯了，只好擺出尷尬笑臉訕訕接受嘲笑。

有關菲律賓選舉買票、舞弊、作票的故事還眞不少，有些大膽、粗糙到讓人難以置信。譬如說上次總統大選時，竟然有整個市鎭開出來的票全是投給艾若育。「老鳥一」說，「不是一百、兩百張票，是十幾萬張，你說，有沒有作票？」此外，當局以安全顧慮爲藉口，把很多投票所設在部隊、警察局裡，「他們在裡面搞些什麼，誰知道？」

同樣的，那次期中選舉前，菲國當局也以防恐爲由，派出軍隊進駐馬尼拉貧民區。「老鳥二」則表示，「其實就像以前台灣派出部隊『助民割稻』，眞正的目的是在協助爲選舉綁樁啦，割什麼稻？」

選舉之前的買票多數是通過鄉、鎮長等「樁腳」邀宴。有位駐馬尼拉的中國記者有次接受參加選舉的菲國友人之邀前往中西部小鎮，就參加過這樣的餐會，那次餐會結束了，他想回酒店休息，結果可怪了，好像大家都沒有走的意思。他滿腹狐疑相詢，友人直說，「等一下，等一下。」不一會兒，就見到有人匆匆忙忙送來一大疊「紅包」，當場發將起來。原來人坐著不走，都是在等紅包。

投票當天更精采，基本上是公然買票。

菲律賓的選票是畫有格子的空白表格，一堆候選人的名字則寫在投票所的看板上，由投票者自行塡寫，這時就會有人拿著裡面夾著五百到一百披索的「名單」交給投票人「照抄」。其他如重複投票、代人投票等事情也層出不窮。

菲律賓有八千多個島嶼，很多偏遠地區的票箱必須運送到比較大的鄉鎮清點，在運送的途中，整個票箱掉包都不是新鮮事。「老鳥三」笑著說，「一停電，你就知道要發生事情了，甚至選監人員不讓換票而被『幹掉』，都是常有的事。」

馬尼拉的資深華人媒體工作者施能炎表示，菲律賓最大的問題就是把政治當生意做，選眾議員要花五千萬到一億披索，選參議員高達兩億，就算是市議員也要花到一千五百萬上下，「投資這麼大，怎麼會不亂整？」

那卯治安頂呱呱

許多人提到菲律賓，第一個反應就是治安差，首都馬尼拉搶案層出、綁票時有所聞，南部則有回教徒作亂。但是在種種駭人聽聞的治安傳說中卻有個異數，就是位於南部民達那峨島的菲國第三大城那卯。

那卯曾經是菲律賓犯罪率最高、治安最差的城市，然而現在卻號稱是全菲治安最好的地方，當地旅遊團體甚至誇言那卯是「東南亞治安最好的城市」。

那麼，那卯究竟是怎麼做到的呢？

諷刺得很，那卯之所以治安好，是因爲這裡是菲律賓唯一「執行死刑」的地方，而且「行刑者」不是別人，就是市長羅迪戈．杜特蒂身邊的十二名保鏢。

如所周知，菲律賓是天主教國家，所以沒有死刑，也因此治安一直是個問題。一九九三年時，那卯的聖彼得大教堂在一次晚間集會期間，遭到三枚手榴彈的突襲，六名教區居民在這次襲擊事件中被炸死。事後調查發現，這起襲擊事件是回教好戰分子所爲。那時，那卯發生這種襲擊事件屢見不鮮，因爲長期以來那卯本就是綁匪、強盜、反叛分子和私人武裝的安全避風港，甚至台灣黑道分子出了事，也有很多往那卯跑。

但是杜特蒂出任市長後，這個情形卻開始改觀。

杜特蒂在當第一任市長期間，所面臨的第一項挑戰就是恢復那卯市警察局的聲譽。當時在遭到「新人民軍」連續幾年的攻擊之下，警察們在處理社會治安問題時總是心懷恐懼。杜特蒂剛上任不久，就得到消息說是有幾名綁匪正準備帶著勒索所得款項逃離那卯。

結果杜特蒂親自帶領警察埋伏在綁匪必經地點，槍戰之後當場打死四名綁匪中的三人。經此一役，杜特蒂聲名大譟，那卯人也都突然發現他們有了位「牛仔市長」。

那卯人都知道，在這裡犯罪是「事不過三」的。

也就是說不管販毒也好、搶劫也好，只要犯到第三次，那就是死路一條。

許多那卯人都知道的故事是一位毒販第三次被捕，他的老父繳付保釋金後，兩人才步出拘留所不久，就有一輛摩托車駛近，不由分說當場將那位毒販格斃，他的老父承受不住打擊，竟然驚嚇得精神失常，雙手捧著愛子身上流出的鮮血生飲。

類似的故事，任何一個那卯人都能毫不費事的信口拈來。據說，單單二〇〇六年一月間，就有四十八個人被私刑處死。

另外根據菲律賓媒體報導及警方報告，過去十年裡，總共有一百多名小偷和毒品走私販在那卯市內被打死，都是兩名騎摩托車的男子用手槍近距離射擊。這些被打死的人，有的已被宣告有罪，有的已受到指控，也有人還沒有被正式逮捕。那卯人都指證歷歷，說是市長「行刑隊」的傑作。

杜特蒂本人從來不承認有私人的行刑隊，但是那卯人都知道有個名叫「DDS」的組織，其實就是「杜特蒂敢死隊」的意思。有意思的是，杜特蒂本人對這些傳言也從不澄清，顯然也有意藉之遏阻犯罪。

很多時候，杜特蒂並非事事按照國家憲法辦事。譬如說，他特准那卯的警察可以向拒絕拘捕的任何人開槍。他甚至曾經親自驅車進入山林「新人民軍」的巢穴，當面告知雖然他理解對方的苦衷也尊重為自己信仰而戰的人。但是「請不要與我的城市作對，否則就準備去死。」

杜特蒂就是用這種「西部牛仔」的方式，一邊壓住罪犯，另一邊則贏得市民的敬佩與支持，成為菲國的「傳奇市長」，甚至於包括現任的好幾屆菲國政府都有意邀他進入中央工作。

永珍「不好玩」的好玩

沒有酒廊、沒有卡拉OK、沒有星巴克，旅館電梯裡貼著「請勿帶客人進客房」的告示，到了晚上九點半，連僅有的兩、三家按摩店都關門不收客了。這種地方有什麼好玩？

其實，這正是寮國首都永珍好玩的地方，它的「好玩」就是它的「不好玩」。

在永珍，你聽不到像胡志明市吵死人的汽車喇叭聲，沒有雅加達混亂的車陣，不需要像在馬尼拉一樣擔心被搶，或者是在金邊被乞丐糾纏，也不會像在吉隆坡一樣被捷運弄得昏頭轉向，甚至於無須「享受」如新加坡般的井井有條。

在永珍，你可以擁有的是無所事事的閒適，早上自然醒起來後什麼事也不做，走到旅館對面的小店，點一個法國麵包三明治，一杯咖啡，閒閒地吃，慢慢地喝。街上，偶爾駛過一輛車。

永珍也有類似曼谷的出租「嘟嘟車」，但是完全可以不用。

會騎摩托車就租個摩托車，七塊五美金二十四個小時，加一塊美金的油兩天跑不玩。不會騎摩托車，租輛腳踏車又健身又環保，便宜到懶得寫出來。

都不會？那就走路吧，更健身，更環保。

如果住在中心區，景點都到得了，最遠的塔鑾寺，半小時到四十分鐘也到了，其他的景點都在十幾分鐘腳程內。

最值得看的是玉佛寺（Wat Ho Prakeo）。只是這個玉佛寺內沒玉佛，寺前一個告示牌上寫著，玉佛寺建於西元一五六五年（光憑這個年份就值得看了，不是嗎？），唯一的目的就是供奉玉佛，接著充滿怨怒地寫著「結果玉佛在西元一七七九年被『外國入侵者』奪走而流落海外」。

這個「外國」指的就是泰國。那尊玉佛就是現在供在曼谷玉佛寺（連名字都一樣 Wat Prakeo）的那尊。

但是泰國堅稱玉佛本來就屬泰國，寶貝得很，一年四季都由皇太子主持換裝儀式，圖片登在報紙頭版，只有寮國人氣得牙癢難熬。

即使沒玉佛，永珍玉佛寺收藏的古佛像還是頗有可觀之處，有尊在暗處，看起來像象牙的佛像特別美。泰、寮一代的佛像多爲銅鑄或石雕，因此象牙材質的佛像並不多見。這尊佛像看起來確實很像象牙，但是東南亞的博物館有個通病，就是採光不佳又髒兮兮，有時還蜘蛛網四佈，很難看得真切。

玉佛寺內的看守者是個顯然不知故事的年輕人，當然問不出名堂。

玉佛寺斜對面的「西薩吉寺」（Wat Sisaket）也值得看。

西薩吉寺建成於一八二四年，暹邏（泰國）一九二七、二八年之間攻陷永珍（萬象），所有的寺

被自己人形容成「怪物」的永珍凱旋門

廟均被毀了，不知爲何獨獨饒過西薩吉寺，成爲碩果僅存又未經翻修的老廟。

西薩吉寺斑駁的迴廊最是古意昂然，佛像多到最後不想再看，躲進主殿裡卻又是另番美景，壁畫古得讓人忍不住故意沒看懂「不許攝影」標誌，偷偷拍了兩張。自我原諒「不准攝影的用意應該是不許用閃光燈吧」。重要的是，其實也沒人管，大殿裡就只有佛和你。

回到山昇泰路（Samsenthai Rd.），左轉攀坎路（Pangkham Rd.），右手邊有間門口擺著麵攤的小餐廳。哇，門庭若市呢，菜單可以看圖識字，但是記得點典型的寮國菜 Larb，其實就是碎肉加了一堆香料炒，好吃極了，很多人以爲這菜是泰國菜，沒想到也是「被外國入侵者奪走」的一例。

到了永珍，如果不在「永珍凱旋門」前留影，會被別人懷疑「你去過永珍？你別騙。」

這個門其實大有來歷。當年美國捐了數以噸計的水泥給寮國用於加長永珍機場的跑道，目的其實是想讓 B-52 轟炸機有必要時也可降落在永珍，聰明的寮國人笑咪咪地接受了，結果卻拿來建了這座不歐不亞的拱門，因此老一輩的永珍人都不稱其爲「凱旋門」而戲稱之爲「直立跑道」。說它「不亞」，因爲其基本外觀是仿照巴黎的凱旋門；說它「不歐」，則是其外壁浮雕爲不折不扣的「寮國貨」。

「永珍凱旋門」下的說明牌也頗有意思，竟然說自己很醜陋，上面寫著，「此門一九六二年起建，由於國運蹇困，所以從未眞正完工，遠看其實不怎麼，走近更沒看頭，就像個水泥怪物。」把自己的著名地標描述成「怪物」，也是一絕。

解說牌上表示「從未眞正完工」也是眞的。最近一次的動工是在二〇〇四年底，中國捐了一百萬美元大事整修，還建了噴水池，現在整個區域名叫「帕圖遂公園」（Patuxay Park），噴水池前有中、寮兩國國旗，象徵友誼，中文部分也有意思，「老中友誼長存」，給我這個「台客」讀起來，寮國卻不見了（「老中」不稱「寮國」爲「寮國」，叫作「老撾」，所以「老」就代表寮國）。

其實說到地標，眞正的代表應該是塔鑾寺（That Luang）。對於寮國人來說，塔鑾寺不僅是地標，它還是「國標」呢，君不見任何有關寮國的旅遊介紹，都可見到這座「大金塔」。

塔鑾寺是寮國地標

塔鑾寺建於十六世紀（哇，跟玉佛寺一般老）。就如同其他許多著名的寺廟，塔鑾寺也宣稱埋有佛祖的遺骨，為了予以保護，所以在原來高棉式的佛骨塔外再造了更大的金塔，就是現在的塔鑾寺。

老實說，我對所謂「佛骨」、「佛髮」、「佛牙」……這種說法頗為存疑，因為很多地方都有佛寺宣稱供有佛祖遺骨，如果把這些遺骨組合起來，恐怕會得到一個多手多腳甚至多牙的「怪物」。

但是這並不影響塔鑾寺的觀賞價值。同樣的，塔鑾寺也在十九世紀暹邏（泰國）入侵時遭到毀壞，因此在塔鑾寺的門口也豎有「咬牙切齒」的譴責「外國入侵者」告示牌。

塔鑾寺的特別之處在於其四周建有三十座「衛星塔」，塔底則有金座，上面用古印度巴利文寫著佛祖教訓。另外，每年十月底永珍會舉辦塔鑾節，在塔鑾寺前的廣場舉行長達一星期的市集盛會，相當熱鬧。

對寮國歷史有興趣的人，當然也應該去造訪一下山昇泰路上的國家博物館，裡面收集了不少有趣的文物，也像許多東南亞國家博物館一樣，有相當的部分有關戰爭。想要買些紀念品的，不妨去逛一下早市（Morning Market）。說是早市，其實整天都開，裡面許多小店，殺價的要訣就是「狠殺」、「狠殺」、「狠殺」。

至此，永珍值得觀賞的地方就只有這麼多了，至於近郊的佛雕公園，不去也罷，不但都是新品而且都是粗糙不堪的水泥塑像。

永珍「風光路」（Fangaum Road）就在湄公河邊，路兩邊有不少小食店，晚上湄公河邊也會擺出露天餐座，頗值得一試，特別是湄公河魚，十分鮮美。不過山昇泰路上有家據說是永珍最貴的寮國餐廳「誇寮餐廳」（Kualao Restaurant），絕對應該一試，餐廳佈置得十分典雅，菜色也好，還有現場民俗舞蹈、音樂表演。就外來客的標準來說，一點都不貴，兩個人吃上豐富一餐，配上出名的寮國啤酒（Beer Lao），不會超過十五美元。

去永珍的方法很多，最有意思的是從曼谷乘坐火車夜車空隆空隆北上到龍凱府，然後坐「嘟嘟車」越過泰、寮之間的友誼大橋。又浪漫，又省錢。

只剩下「名義」的共產國家？

對於很多人來說，位於中南半島的內陸國家寮國是個很陌生的國度，由於長期以來的封閉、落後，很多人可能根本忘記了有這個國家的存在，更遑論知道它還是世界上僅存的幾個共產國家之一。

在寮國首都永珍的街頭，很多建築物除了張掛寮國的國旗之外，都還有另一幅如假包換、大紅為底中間是黃色鐮刀斧頭，典型代表共產黨的旗幟。這個旗幟就是聽起來也頗嚇人的「寮國人民革命黨」黨旗。

「寮國人民革命黨」當然是共產黨，也是寮國唯一的政黨，在國家議會的九十九個席次中佔了九十八席。其勢力之大，當然不言而喻。

可是如果說寮國是個共黨國家，給人的印象似乎也就只有這麼多了。

寮國古稱「萬象王國」，甚至於直到現在，寮國人也不把一般人所習稱的湄公河稱做「湄公河」，而是叫作「萬象河」，首都永珍的原名，其實也就是「萬象」。

翻開寮國的歷史，可以說是部遭外國侵略的血淚史。十八世紀時，寮國曾經長時間受到暹邏（泰國）佔領，一九九○年代又淪爲法國的保護國。一九九○年代中期，由於越戰爆發，美國利用寮國的猛族（Hmong，台灣也稱苗族）對抗越共、寮共，直接的後果則是在一定程度上控制了寮國。

在英文《永珍時報》擔任市場經理的普度薩賽就表示，那個年代，大家共同的記憶就是永珍曾經繁華無比，酒吧、夜總會隨處可見，而且都是二十四小時營業，十足一個「不夜城」。

正因爲有前述這些慘痛的歷史，寮國人對於外國的侵略是相當深惡痛絕的。

譬如說，永珍市內著名的古老寺廟「玉佛寺」，就在寺前豎立了一個說明牌，牌上寫著「玉佛寺」原先專門供奉玉佛，但是現在這座玉佛卻流落在「侵略者」的手中。

這個說明牌上所提到的玉佛，即指現在厝於曼谷玉佛寺中的那座玉佛，寮國對泰國於一七七九年將玉佛運往曼谷的陳年往事，咬牙切齒到連對方的國名都不提而只稱之爲「侵略者」，其憤怒已可見一斑了。

又如發生在一九七五年，美軍誤炸一處山區防空洞，造成三百多名無辜百姓、婦孺死亡事件。每到這個事件週年紀念日，寮國的媒體都用顯著的篇幅報導、追憶，目的就是要大家不要忘記帝國主義的罪行。

「寮國愛國戰線」是在一九七五年八月趁著美國在越南鎩羽的機會取得政權，廢除了實施六百二十二年之久的君主制，成立「寮國人民民主共和國」，終於使得寮國正式列入共產國家之林，也維持了至今相對安定的社會主義體制。普渡薩賽頗帶著一點驕傲地說，「現在在永珍，妓業幾乎是不

寮國只剩下旗幟是共產國家

存在的。」

他說得一點不錯。永珍的旅館或賓館的電梯內大多貼有告示，要求住客不得將訪客帶入房內，有必要時，也只能在大廳或酒店內的咖啡廳接見訪客，理由則是「尊重寮國的習俗」。

寮國作爲共產國家的另個跡象就是國內基督教徒少得可憐，只佔全國人口的百分之零點七二。造成這個現象的原因，固然是因爲寮國自十四世紀起就把佛教奉爲國教，更重要的則是寮共掌權之後，對於西方的基督、天主教極不友善，禁止宣教士進入，對於傳教也有諸多限制，使得寮國境內教會受到嚴重打擊，許多教徒不是逃亡就是乾脆放棄信仰，一直到一九九〇年以後，情況才略有好轉。

當然，共產國家無形的箝制在寮國還是存在的。譬如說寮國的媒體就牢牢控制在「寮國人民革命黨」手中，所謂「毀謗政府」、「扭曲黨的政策」或

「散播不實謠言」，都是可以定罪的。

從某方面來說，儘管在表面上寮國已經不再像共產國家，但是其特質卻還並未去盡。若干年前我第一次去永珍，住的旅館左近發生火警，我下意識抓著相機衝出去拍照，沒想到剛開始拍，就有幾個彪形大漢圍上來阻止。

我當時並未離去而站在街邊觀看消防人員救火，結果身旁一位便衣人員開始與我交談，使用的還是華語，最後他承認自己是便衣警員，而且頗得意地把證件亮出。我問他，「剛才那幾位是你的部下？」他笑笑說，「沒錯，這種事情（火災），我們不希望外國人拍照。」

寮國經濟發展步履緩慢

寮國，這個中南半島唯一的內陸國家，其實早在一九八六年中國興起改革開放浪潮時，就已經亦步亦趨地推行經濟改革，但是同一段時間中，中國的經濟發展有如出柙猛虎，同爲共產國家的寮國卻像是個踱著方步的老學究，還在那兒慢慢地走呢。

以首都永珍爲例，雖然行動電話頗爲普遍，市區內也可見到代表時尚的網咖，但是它的「現代感」也就只有這麼多了。

永珍的街景，其實就像發展國家裡的一個小鎮，二〇〇四年爲了主辦東南亞國家協會（東協）高峰會，才由馬來西亞財團興建了一座十四層樓高的「月宮酒店」（Don Chan Palace Hotel）。這也是全寮國最高的建築，自然成了新的地標。

事實上，寮國早在一九八八年就已公佈實施「外國投資法」，希望能吸引外資，這麼多年來，雖然已有來自三十個國家及地區的八百六十個投資項目，但是在規模上仍然欠缺動能。

以目前來說，鄰近的新加坡、馬來西亞、越南、泰國是寮國的主要投資國，其中又以新加坡較爲積極，在寮國的投資項目佔了二十七個，總金額大約六千萬美元，主要的項目是酒店及餐館業。

對於大型的外資來說，遲遲不願意進軍寮國的最大原因就是基礎設施太差。雖然交通、通訊方面在近幾年頗有改善，然而畢竟還不普遍，成本也相對較高；除了較大的都市之外，有些地方的電力供應也有問題；再者，寮國政府限於經費及經驗，並未對國內具有潛力的項目進行過調查、統計，因此也無法提供投資者需要的具體資料。這種種，都是投資者對寮國不這麼熱中的原因。

正因爲如此，在寮國經營生意，常會遇到些超乎常理所能判斷的事。

譬如說一位在永珍經營超級市場的新加坡人古振興就表示，他每個月必須兩次從新加坡運重達十八噸的食品到永珍，由於沒有直達的路線，所以先通過海運將貨箱運抵曼谷，這一部分耗時兩天，運費是兩百美元；到了曼谷之後，再通過陸路運到永珍，這部分雖然僅需時一天，運費卻高達九百美元。

寮國經濟發展緩慢的原因，也有可能是其人民太容易知足，欠缺進取的精神。《永珍時報》市場部經理普塔薩克就表示，大部分的寮國人每天生活費不到一美元，但是還是過得很快樂，一九九七年東南亞發生金融危機，寮國貨幣「基普」也慘跌，但是民間卻毫無感覺，因爲幾乎家家戶戶都在自己的院子內種菜、養雞。他說，「有東西吃就可以了。」

普塔薩克在《永珍時報》已經工作了十八年，月薪兩百美金，算是高級幹部待遇了。他說一般人平均的月薪最多只有五十美元，如果是大學畢業生找到第一個工作，月薪大約僅有二十五美元上下。

寮國很多地方還保留原味

古振興的經驗則是，有次發薪水之後，他雇用的一位工人居然好幾天未到店裡上工，古振興好不容易聯絡上對方，對方卻說，「我的錢還沒有花完呢，做什麼工？」

投資的環境雖然不盡理想，但是樂觀的人還是見到處處機會。月宮酒店的華人經理方浩霽就指出，寮國目前經濟發展的程度與中國改革開放初期相似，商機相當多，而且寮國當局不排華，對台灣人、中國人都滿尊敬。不過他也特別提醒，「寮國的市場不大，如果要投資，可能就要作長期的考慮，同時寮國在發展方面採取較謹慎的態度，控制確實相對多了一點，這些，都是有意投資者必須考慮的事。」

方浩霽講得其實也並不算錯，寮國確實有些機會，問題僅在於有意投資者如何去發掘、利用。例如說僅永珍一地，農耕地就有七十萬畝，湄公河流域也提供了大量的水面積，可供養殖業發展。在這種情況下，農業用地租金低廉，勞動力可能是中南半島中最廉宜者，同時由於氣候條件好，農產品基本上可以年收三次，再加上周邊國家如新加坡、汶萊的農產品全靠進口，產、銷一路下來，經營得好的話，的確大有可為。

另外，寮國也有相當廣大的熱帶森林，玉石的蘊藏量及水資源都十分豐富，有利於木材、能源工業的開發。

老、中關係緊密

二〇〇四年十二月，東南亞國家協會（東協）在寮國首都永珍舉行高峰會，這對於長久以來一直十分封閉、落後的寮國來講，當然是頭等大事，而且是只許成功不許失敗的事。

寮國最後得以成功舉辦這次盛會，中國其實在後面出了相當大的力量。

最明顯的例子就是永珍著名地標「凱旋門公園」的翻新、加建噴泉工程，就是由中國提供了百萬美元的援助來完成。

這座凱旋門相當於永珍的門戶，位於通衢大道上，是所有遊客必到之處，因此從二〇〇四年十二月開始，所有到此處參觀的人，都會見到中國捐贈的碑銘。

另外，永珍最新的地標、五星級的「月宮酒店」雖然是馬來西亞財團斥資，但是酒店工程卻是由中國雲南建工集團用十個月的時間趕建出來。酒店經理方浩霽表示，「很多人當時都認爲趕不及，但是『雲南建工』不但施工水準高，還趕在期限前完成。」

另外，各國領袖在永珍參與開會期間，都由寮國當局提供車隊，這些車隊所配備的警車及救護車，車身上都有「中華人民共和國捐贈」的字樣。兩國關係的密切，也體現在這些小地方。

其實中國並不稱寮國爲「寮國」而是「老撾」。比較奇怪的是，「撾」這個字的讀音是ㄓㄨㄚ，而不是中國人所讀的「ㄨㄛ」。來自浙江省義烏縣、在永珍經商的石軍勇就說，「我也不知道啊，大家都這樣唸嘛。」

正因爲中國稱寮國爲「老撾」，所以永珍市內中國人最集中的地方，就得到了一個恰如其分的名字——「老中友誼商城」，實則「老中」這兩個字的原意是「老撾」和「中國」。

「老中友誼商城」裡面有兩百多戶店家，幾乎都是「老中」在經營，多數是從中國進口成衣、家用電器。由於永珍與泰國的龍凱府僅有一河之隔，所以每到週末，就有大批的泰國人前來購物。石軍勇說，「老撾人的消費能力並不高，但是泰國人就厲害了，一車、一車的來。」

另外在永珍的紅戈亞新區，一整條街上全是來

永珍地標「塔鑾寺」一角。

自湖南的中國人，主要經營的生意是雜貨、小五金。他們多數持旅遊證入境，到了就不走了。主要也是因為在寮國辦居留並不困難，只要開店甚至打工，都可以取得居留身分。

那麼，在永珍究竟有多少中國人呢？石軍勇表示並沒有人作過正式的統計，但是「總有好幾千人吧」。

至於來自台灣的，由於人數不多，反而比較清楚一點。也是在台灣出生的方浩霽就表示，永珍地區的台商大約有五十人左右，全寮國則應該不到一百人。

台商人數雖然不多，但是經營的生意卻還頗有規模。譬如說月宮酒店之前最具規模的「寮國廣場酒店」，以及凱旋門左近的「紅花酒店」，業主都是台商。也有台商經營成衣廠、家用電器、木材、家具的生意。

由於台灣與寮國沒有邦交，所以寮國屬於我國駐越南代表處的責任區，每季也都會有官員前來永珍探視台僑。

在永珍已經待了十年的方浩霽說，寮國在很多方面還算是處女地，相當有潛力，相較起來機會也多，而且雖然說是共黨政府，但是其政策還算靈活，不會讓投資者感覺綁手綁腳。他說，「老實說，我完全感覺不到這裡是共產國家。」

新加坡

緬甸

汶萊

新聞自由？

「無疆界記者」組織譴責新加坡政府對五個國際媒體設下在該國運作的條件，指稱新加坡實際上是企圖要國際媒體作自我檢查。該組織表示，新加坡政府的眞正意圖是要找出有效的方法，包括「起訴要脅」及「加重罰款」在內，脅迫出版品自我檢查。

那麼，星國政府做了什麼呢？

它將《遠東經濟評論》、《國際前鋒論壇報》、《金融時報》、《新聞週刊》、《時代雜誌》認定爲「境外報紙」，因此必須指定「法人代表」，同時提交二十萬新元的保證金，作爲萬一出現法律訴訟時之用。

這個作法，如果符合新加坡的法令，我實在看不出來有什麼不妥的地方。

不過「無疆界記者」的措辭倒是頗爲強硬，它在聲明中指出，「這是（新加坡）最新一輪對付外國媒體的威逼措施，由於新加坡媒體係受到政府控制，因此外國媒體是唯一能夠獨立報導該國政治、經濟事務的媒介。」

我在新加坡住過六年，從事的也是新聞工作，新加坡媒體究竟是否受到政府的控制而不能獨立報導，其實見仁見智。但說只有「外國媒體」能夠作出獨立報導，這就顯示出其自大、傲慢。

前述五個媒體都聞名全球。但這並不意味著它們就是不容挑戰的新聞權威。相反地，正是這些「外國媒體」自認爲不容挑戰，所以才經常會出現自以爲是、高高在上又帶有偏見的報導。實際上，這五個媒體在過去都有這種「不良」紀錄。

那麼，要它們指定法人並且繳交保證金準備好在作出不實報導時捱告，有什麼不對？「新聞自由」是可以無限上綱的嗎？當然不是，所以作出錯誤報導時當然就要準備被告上法庭。這個標準不應因媒體所在的國家而異。

新加坡政府並未解說要求前述媒體指定法人、繳交保證金的理由。但是由於事件發生在《遠東經濟評論》刊出對新加坡「民主黨」秘書長徐順全所作的專訪並將其稱爲「國家烈士」之後，就讓人不得不聯想兩者之間的關連。

我在新加坡的六年，跑過徐順全的新聞也寫過有關他的報導，如果徐順全可以是代表爲民主作出犧牲的烈士，那就眞不知該從何說起了。老實說，在我眼中，徐順全不過是位投機取巧的政治小丑，根本不値一提。他被稱作「烈士」，太不符合事實了。

我在新加坡作報導時也作「自我檢查」，譬如說對種族、宗教問題，都會特別小心，這些事情在西方世界不會造成問題，但是在新加坡就是有可能釀成大禍，難道不應該小心嗎？記者作自我檢查，其實是種負責任的態度。

但這並不意味著不能作「負責任」的批評。我在報導中批評過新加坡甚至議論過頗受敬重的內閣資政李光耀，但是從未感受到任何來自星國政府的「威脅」或「壓力」。

多年前，我甚至還因為報導受侵權的問題對「受政府控制的」新加坡媒體興訟。當時很多友人告誡，「你瘋啦，新加坡媒體就是政府，你不知道嗎？」

我還是發出律師信照告不誤，結果逼得對方公開道歉，我也沒遭到許多人所「預測」的「報復」。我只想勸告前述五個媒體及「無疆界記者」，「它（新加坡政府）能告你，你就不能告它嗎？」

新加坡政府清廉其來有自

亞洲各國歷來多有領導人貪腐事件，犖犖大者如當年的菲律賓總統馬可仕、艾斯特拉達、印尼總統蘇哈托，乃至於在台灣鬧得滿城風雨的總統陳水扁家族、親信貪腐事件。

然而也就在這個時候，「國際透明度組織」日前公佈對全球一百六十三個國家所進行「清廉指數排行」的調查結果，亞洲最清廉的國家如所預期又由新加坡蟬聯。

那麼，這個曾經被前台灣外交部長陳唐山譏爲「鼻屎大國家」的新加坡究竟是怎麼辦到的呢？新加坡，有值得台灣學習的地方嗎？

首先，新加坡整個制度的建立與其開國總理李光耀有不可切割的關係。李光耀雖然是華人，卻是接受英國式的教育成長，深切瞭解兩種文化的優、缺點，因此在新加坡獨立之際，李光耀採行的是英國式的文官制度，這就賦與了新加坡先天的良好體質。目前在世界上防治貪腐有成的國家中，不乏採取英式文官制度的例子，除新加坡外，還有澳洲、紐西蘭乃至於香港。

這個制度整治貪腐的重要手段是「嚴刑峻法」，只不過李光耀深知徒法無以自行，再完善的法律，也必須由人來執行，人一旦腐化，法律就形同虛設。在世界上許多貪腐盛行的國家裡，這樣的例子也屢見不鮮。因此除了制度之外，新加坡還有另一套適合國情的作法。

爲了防治貪腐，新加坡採行的方法是「高薪養廉」。衆所周知，新加坡總理李顯龍的薪資是全世界領導人中最高的，連超強美國總統布希都瞠乎其後。不僅如此，新加坡部長級官員的薪資也是其他國家同輩官員之冠，幾年之前，新加坡還曾爲了部長加薪而引起星國人議論紛紛。當時有新加坡朋友問我的意見。我說，「新加坡是個蕞爾小國，資源全無，老百姓的普遍水準並比不上先進國家，但是你們可以享受先進國家的水準，當然是領導層的功勞，加薪是應該的。」

事實證明，新加坡的領導階層確實心無旁騖，專心一志爲星國人擘畫未來。然則單靠高薪也並不能保證一定足以「養廉」。因此新加坡政府在選擇「從政同志」時特別注重「候選人」的人格品質。根據瞭解，新加坡政府在選定準備重點培養的政治人物之後，內政部會派人跟監所選定的候選人，暗中觀察其生活、行爲，這個「觀察期」可以長達數個月。

候選人之所以會被相中，基本上能力當然已經不成問題，因此觀察期的重點即在於考察其人格品質。這個作法，其實就是「選賢與能」。

早期在李光耀時代，甚至要求嚴格到要家庭完美。換句話說，能力再高強，如果沒有「正常」的家庭，當年在新加坡是無法從政的，因此據說有些已經在政壇的政治人物即便是家庭出現問題，都會忍著不敢離婚。

這個考察的標準，後來到吳作棟擔任總理的時代已經鬆綁。由此可見，李光耀當年除了服膺英國的「硬制度」之外，對於中國「齊家、治國、平天下」的「軟道理」，也並不輕忽。

此外，新加坡的法律明文規定，被宣布破產者不能從事政治，用意自然是防止這類人士利用從政的機會進行貪瀆。

若干年前，台灣「中天電視」曾經到新加坡給李光耀作過專訪，當時採訪團帶了一件「琉璃工房」的禮物，結果李光耀表示他雖然很喜歡那件禮物，但是按照星國政府的規定，如果收下的話要自己出錢買下，可是那件藝術品的價格實在太高，只好「敬謝好意」。

即便如此，新加坡建國四十多年以來，也先後發生過發展部長鄭章遠、職工總會領袖彭由國以及黃循文等三件貪腐大案。可見得防治貪腐確實難爲。

新加坡部長應該加薪嗎？

新加坡政府二〇〇七年四月九日在爭議聲中宣布部長及高級公務員的年薪平均增加百分之二十五，使得總理李顯龍的年薪將增至三百零九萬新元（二百零一萬美元），相當於美國總統布希的五倍。

除了李顯龍之外，星國其他部長及高級公務員的年薪也將從一百二十萬新元增加至一百六十萬元，遠遠超過其他國家部長級的薪資。

新加坡上次調整部長級高級公務員薪資是在二〇〇〇年，漲幅為百分之十三，當時也曾引起許多議論甚至反對的聲音。

新加坡高級公務員及部長的薪水是與私人企業界掛鉤的，李顯龍在當年三月份時就曾指出，新加坡私人企業界近兩年來的薪金已經上升，因此目前其他特級政府行政官員的薪水也應獲得相應調整，而按照市場水準，部長們的薪水應該從原本為一百二十一萬元的年薪，增至二百二十萬新元。

因此現在漲為一年一百六十萬新元，其實還低於私人企業標準。

只是對於一般星國大眾而言，這樣的薪水還是天文數字，再加上一些反對派人士推波助瀾，因此

新加坡居住環境整齊清潔（吳淑芳 攝）

頗吵了一陣子，只是吵歸吵，執政的「人民行動黨」在國會佔絕對多數議席，加薪案根本沒有受到挑戰的可能。

撇開這些不談。新加坡的部長們應該加薪嗎？

我從一九九八年到二○○四年在新加坡住了六年。上次部長加薪時，就有新加坡朋友問過同樣的問題，「你認爲我們的部長加薪合理嗎？」

我當時的回答就是「當然應該加薪。」

對方有點不以爲然地反詰，「爲什麼？」。我的回答很傷人，「你們新加坡人的水準沒那麼高，如果不是這些部長的努力，你們哪裡有資格過第一世界的生活。」她氣死了。

我說的眞是肺腑之言。

舉最簡單的例子。新加坡那麼乾淨，並不是因爲老百姓守規矩，不亂丟垃圾，而是政府「掃得快」。

這個看法其實在最近也獲得證實。星國國家環境安全局公佈的調查顯示，如果沒有罰款，有百分之八十二以上的星國人承認會亂丟垃圾。

《讀者文摘》也在最近做了一項三十五個城市的禮貌調查，結果新加坡排名第三十五，也佐證了「新加坡人其實並不是那麼有水準」。

我因爲工作的關係，跑過很多從「第一世界」到「第三世界」的國家，新加坡政府絕對是最廉潔、最有效率、最有遠見，眞正爲國家擘畫未來的政府。

就是他們的努力，使得一個毫無資源的彈丸之地在短短時間內發展成東南亞首善之區。

對於部長加薪之事，新加坡內閣資政李光耀表示，就一般新加坡小康之家來說，部長的薪水自然是天文數字，但對政府來說，需要照顧這四十多年來辛苦累積的大筆財富，如果不支付市場薪資，人才將被私人企業挖角，一旦由一批無能的人管理國家，到時的損失將是數千億新元（新台幣數兆元）。

他還指稱，如果倒退回「旋轉門」式的政府，一個政府前面兩年是在學習，另外兩年才眞正辦事，之後連問題都還沒搞清楚，可能就已經被踢出局，由下個政府接替了，這正是許多國家面臨的狀況。

因此他強調，新加坡不能有個領導人每五年就更換一次的旋轉門式政府。反之，國家需要的，是能幹而又願意留下來的人。這就是爲什麼新加坡得付給他們相等於市場行情的薪資。

我舉雙手贊成。

新加坡沒警察？

兩位第一次去新加坡的朋友談遊後感，不約而同地說，「奇怪，新加坡街頭看不到警察耶。」她們的這種反應，我倒一點都不覺得奇怪，因爲我當年初到新加坡時也是同樣的感覺。

不是說新加坡是個管得很嚴的國家嗎？那麼想當然爾必是滿街軍警，否則怎麼管？可是奇怪呢，街頭硬是見不到任何警察，連交通警察都沒有。

我隨後在新加坡住了六年，只在少數幾次外國政要來訪時，驚鴻一瞥見過交通警察。爲什麼說「驚鴻一瞥」呢？因爲他們都是在政要車隊抵達前大約十分鐘到達路口指揮交通，等車隊一過，就又人間蒸發了。

但是新加坡卻是全東南亞最安全、最有秩序的地方。那麼，它的安全、秩序難道不需要警察來維持嗎？

這其實也不盡然，我就知道一件眞實發生的事。新加坡嚴禁私菸，合法的菸盒上都有政府專賣憑證，有位台商朋友某次不小心把沒有憑證的菸擺在車內擋風玻璃後，居然就被便衣的稽查人員抓到，可見得警察不是沒有，只不過他們絕不會無故騷擾沒犯錯的人。

同樣的事情也發生在樟宜機場，我在這機場出入無數次，從來未被攔下檢查，但如果就這樣而認爲他們不設防，那又錯了，不少毒販就是栽在樟宜機場而被送上絞刑台。

諷刺的是，在東南亞的其他國家，治安差、秩序爛的國家，卻都是滿街警察趴趴走，如柬埔寨、菲律賓、印尼乃至於泰國。

菲律賓的警察是出了名的腐敗，很多壞事如綁架、勒索，根本就是警察自己在做，幾乎每一位當地的台商都可隨手拈出不肖警察訛詐金錢的劣跡。

一九九七年第一次到柬埔寨，住在當地的「竹聯幫」大老陳啓禮就說，「你有沒注意到，柬埔寨的警察都不帶槍而是背著一個書包，那是用來裝錢的。」

老實說，我倒沒有親眼見到柬埔寨警察收錢，但是確實碰到許多次警察在街上隨意將人攔下檢查，是否有人私下塞錢消災？可能性頗高。

我現在住曼谷，由於騎的摩托車還掛著新加坡車牌，三年來先後被警察攔下三次。嚴格說起來，其實我並未犯錯，他們攔下我，無非是欺負外來者人生地疏，企圖訛詐一點錢而已。

最近的一次最離譜，那位警察一口咬定我沒有泰國的行車保險。我掛的是新加坡牌照，怎麼可能買泰國保險？而且我還眞的有新加坡保險卡，也「秀」給他看了，可是他就是「聽不懂也看不懂」，硬是指我不合法。

我懶得再糾纏，就照例拿出一百泰銖給他，他居然朝十公尺外另位警察努努嘴面不改色地說道，

「我們有兩個人。」眞倒楣，只好給他兩百銖。

也無怪乎連泰國人提到「丹布路瓦」（警察），都一臉不屑地說，「他們只會要錢。」

在新加坡？你想給錢還找不到警察呢，更別說萬一給了，還反而眞會被捉去關呢。

被遺忘的角落

二○○○年十二月十日中午，靠近新加坡唐人街（牛車水）芳林公園的一個角落裡，聚集了二十多個人，其中幾乎一半是來自各媒體的記者、攝影。

這天，是新加坡反對黨及政論團體「新加坡開放中心」紀念國際人權日的活動。

本來，在事先發佈的活動預告中，新加坡反對黨人士計畫在當天舉行二十六公里的馬拉松長跑，終點就是這個名爲「演說者角落」的角落，並且將在此地進行演講甚至示威。

只不過，新加坡警方最後並未批准這項活動，所持的理由是「開放中心」申請的項目是集會及遊行，可是卻在網路上呼籲公眾參加將在演說者角落舉行的「示威活動」，警方表示唯恐造成法律與秩序方面的問題，所以不予批准。

在這種情況下，新加坡民主黨秘書長徐順全於是決定舉行單人馬拉松，藉以凸顯警方不合理的決定。

當天，徐順全氣喘吁吁抵達芳林公園，累得坐在椅子上久久無法起身；工人黨秘書長惹耶勒南則對著寥寥可數的聽眾，大肆抨擊新加坡政府不民主，缺少言論自由等等。

被遺忘的「演說者角落」

當這則新聞第二天見報的時候，很多人的第一個反應可能是，「怎麼，『演說者角落』還在啊？」

演說者角落其實是新加坡言論自由史上的一件大事，也是新加坡政府對「缺少言論自由」批評的一項主要回應。

演說者角落是仿效英國的「海德公園」，讓新加坡公民就各種議題發表高論，在當年正式成立之際，曾經風光過一陣子，但是才不過三個月的時間，卻已經奄奄一息了。

造成這個現象的原因可以分成幾個層次來探討。

首先，其實也是最重要的，就是反對黨在新加坡生存的空間很小。新加坡在東南亞是首善之區，生活的水準及環境無有出其右者，一般人在生活上偶爾有些小抱怨，但是如果提昇到政策的層次，確實很難在雞蛋裡挑出骨頭。

其次，也許正因爲長久以來對言論的管制相對嚴格，新加坡人對於政策辯論就顯得較爲生疏，一般人也對政策辯論的興趣不大。

演說者角落成立之初，還偶爾有些頗具內容的論述，可是卻無法獲得相應的回應，同樣的論點一說再說，也就變得無甚出奇。另一方面，有些「演說者」根本就是上台「發牢騷」，談些生活上的雞毛蒜皮瑣事及不如意的事。久而久之，大家對演說者角落就更興趣缺缺。

新加坡對反對黨的活動當然有一定的「克制」，前述反對黨想要舉行的活動不受批准，就是一例。但是警方所提出的理由也很難說是不合理的「壓制」。

再從另個角度來說，新加坡反對黨最根本的困難在於，它基本上欠缺茁長的土壤。演說者角落現在只剩一個牌子，就是最明顯的例證。

新加坡人對「垃圾」矇然不覺

新加坡是有名的花園城市，其整潔、乾淨早就聞名於世。但是更讓人覺得有意思的是，新加坡四百萬人口當中，絕大多數人居然矇然不覺有「倒垃圾」、「收垃圾」這回事。

這是因爲新加坡大約有百分之八十的人口住在高樓式的「政府組屋」或私人公寓中，這些建築單位裡，每間廚房裡都設有直通底層或地下室的「垃圾孔」，住戶只需將裝有垃圾的塑膠袋往孔裡一塞，垃圾就從孔道「自由落體」而下到住戶根本無須知道位於何方的大垃圾桶。

換句話說，對於百分之八十的新加坡人而言，「倒垃圾」就只到上述那個動作爲止，住在高層的固然無須下樓「倒垃圾」，即使是住在底層都無須出門。

他們自然也不用擔心垃圾從「垃圾孔」落下之後的命運，因爲垃圾車每天都會來收取，通常是在早晨八、九點前後，由於是到定點收取垃圾，所以也無須播放〈少女的祈禱〉廣告周知，是標準的「我悄悄地來，也悄悄地去，揮揮手，帶走一堆垃圾。」

所以，很多新加坡人連垃圾車長得什麼樣子都搞不清楚。

來自中國大陸、住在白沙組屋區的電腦公司採購經理周芳就說，「倒垃圾？不就是往廚房那個洞

新加坡組屋區為國民解決住的問題（吳淑芳 攝）

一丟嗎？收垃圾？我怎麼知道他們什麼時候來收？反正我每天都丟。」

既然有百分之八十的人住在公寓式的房子裡，當然就意味著有百分之二十的人是住在平房式的獨棟或連棟「排屋」中。這類的住戶對於「倒垃圾」還有些概念，因爲他們必須提著垃圾走出戶外，「親手」將垃圾放入置於門口、垃圾公司所提供美觀、劃一的垃圾桶中。

這個動作完成之後，所有的「倒垃圾」工作也就已經完成。

同樣的，垃圾公司的車輛在一天中的某個時刻會悄悄地來到，悄悄地把每家門口的垃圾桶清理好，再悄悄地走。運氣好的住戶如果正好在這個時刻出門，就會成爲知道新加坡垃圾車長得什麼模樣的「幸運兒」。

來自台灣、在新加坡已經住了十多年的舞蹈教師張曉明說，「垃圾車長得什麼模樣？嗯，我好像知道欸，好像看過一次。」

新加坡人能這樣「出塵不染」，當然也要付出代價。只不過好玩的是，很多人居然也不知道他們有支付收垃圾費，因爲這個費用是包含在水電費（私人住宅）或維護費（組屋）之中。其實費用也不高，每個月大約是二十多新元（合四百台幣上下）。

同樣來自台灣的地產經紀朱蘭香便說，「哎呀，在台灣，倒個垃圾像打仗一樣，我倒情願繳點錢，省事多了。」

極富特色的「新式英語」

「新式英語」（Singlish）指的並非「新潮」英語，而是「新加坡式」英語。

新加坡是個多種族國家，國語是馬來語，可是會說的人並不多：華人佔了百分之八十，其中又分為潮州人、福建人、廣東人……一般社會上廣為通行的卻是英語。

只不過新加坡的英語不但有很重的腔調，還夾雜了馬來話、潮州話、印度話……等等，再加上中式文法以及語尾助詞「啦」（Lah）、「哪」（Lei）、「囉」（Lor），七湊八夾之下，就成了極具特色，但是外人幾乎無法理解的「新式英語」。

新式英語採用中式文法甚至中文「直譯」的例子，可以說是不勝枚舉。譬如說「我沒有帶來」這句話，從新加坡人口中說出來就變成「I never bring come lah」。炫吧。

這句話中的英文單字大家都認識，湊在一起再加上奇腔怪調，對外來人而言，簡直就成了只應天上有的「天籟」，聽得懂，那才叫做奇怪。

我和新式英語的淵源其實甚早。一九七五年時新加坡星光部隊開始利用台灣場地訓練，我是被派在星國駐斗六砲兵部隊裡的外事憲兵，每月的大事就是帶整個部隊前往恆春與當地步兵聯合演習，部隊夜間行進時，新加坡的指揮車前後穿梭，緊張地提醒軍車駕駛「Maintain your gap」（保持間距），他的發音卻是「緬甸有ㄍㄟ」，怎麼聽都像是告訴那些駕駛「車頂有雞」（台語）。

幫我開車的老士官也有意思，他有天大惑不解的問我，爲什麼新方指揮官一天到晚也沒打球卻一直在吼「發球，發球。」哈，哈，哈。我跟他解釋對方是在用英語說「幹！」啦。

多年以來，新式英語已經普及到造成問題的地步。新加坡內閣資政李光耀多年前就公開呼籲新加坡已經有必要及時糾正新式英語的趨向，因爲新式英語已經不僅僅在市井間流行，而是實際上成爲盛行於日常生活甚至於學校內的語言，如果任其流行下去，有一天，新式英語會變成新加坡人才能理解的語言。

我倒覺得沒什麼不好。新加坡大可以把新式英語與標準英語區分開而單獨發展成一種「方言」，因爲新式英語其實反映出新加坡一路走來的過程及國家組成的特殊經歷，有其歷史上的意義。更何況，要從根改起也非易事。

我兒子以忠當年在新加坡史丹福小學就讀，他們的校長有次在朝會上大聲疾呼，要求全校學生以後說英語時不要加上Lah、Lei、Lor等語尾助詞，在長篇大論新式英語的種種壞處之後，這位校長最後說道，「從今以後，讓我們大家都說正確英語，OK Lah。」

聽到校長不自覺地又說出新式英語，包括校長本人在內的全校師生都笑翻了。

緬甸的困局

對許多人而言，緬甸是個神秘、謎樣讓人難以理解的國度。二〇〇六年所發生的一連串事情，更讓人加深了這個信念。

譬如說聯合國特使甘巴里月前訪問緬甸，並且在原先的不確定後突然獲准探視該國知名民主人士翁山蘇姬，也在事後發表翁山蘇姬可能獲釋的樂觀看法。緊接著，聯合國秘書長安南於五月二十六日訪問泰國時，公開呼籲緬甸軍政府領導人丹瑞大將釋放翁山蘇姬。他在泰國表示，「丹瑞將軍，我寄希望於你做對的事情。」

這個不尋常的表態被解讀為雙方對於翁山蘇姬的獲釋已有共識，所以由安南先行表態，緬甸方面再順水推舟釋放翁山。

然而事後的發展卻與眾人的預期大相逕庭。

就在安南公開呼籲的次日，緬甸內政部官員卻向媒體證實翁山蘇姬的軟禁期將再延長一年，等於公開回了安南一巴掌。事情發生之後，眾情譁然，咸認為再度證實了緬甸軍政府行事的不可預測。

馬來西亞外交部長賽阿密最近也對緬甸「嗆聲」，表示緬甸根本不把「東南亞國家協會」（東協）

緬甸百姓生活困苦

放在眼裡，所以他建議乾脆把緬甸交給聯合國來處理好了。

馬來西亞是該屆「東協」輪值主席，上次在吉隆坡開完高峰會之後，緬甸同意賽阿密前往仰光訪問，賽阿密當時頗爲得意，擺出一副緬甸問題可能會由他搞定的姿態。

哪裡知道緬甸後來對他的往訪一再拖延，最後勉強成行卻又無法如願見到翁山蘇姬，賽阿密一氣之下還提前結束行程，所以他對緬甸的忿怨並不難理解。

只不過，以西方世界及媒體爲主導的「外界」眞正瞭解緬甸嗎？「外界」在處理緬甸問題時，眞的有照顧到緬甸眞正的利益嗎？

賽阿密在訪問緬甸時吃了悶虧，很主要的一部分原因是他在成行前就刻意把會見翁山蘇姬炒作成重點。這點，犯了緬甸的大忌，是賽阿密的失策。

老實說，翁山蘇姬的問題不是不能提，但是如果把訪問弄成似乎見到翁山蘇姬才算是成功，緬甸當局就不會心甘情願配合。

緬甸的問題事實上當然不只是翁山蘇姬。可是長久以來，在西方世界的眼中，緬甸卻只有翁山蘇姬一個問題，好像只要這個問題解決，所有的問題也就解決了。同樣的，媒體也是言必稱翁山蘇姬，好像除了她之外，緬甸也沒有別的新聞了。

所以，幾乎所有人的印象都是緬甸軍政府頑冥不靈，所作所為不符文明國家的標準，但是卻沒有人去探討翁山蘇姬本人是否也是問題的一部分？

其實翁山蘇姬今日的處境，跟她自己的倔強與絲毫沒有任何妥協餘地的態度也很有關係，甚至於她所領導的「全國民主聯盟」對她「鐵板一塊」的態度也頗不以為然，只是她的象徵意義強到像塊「神主牌」，恐怕也自認無可取代。

正因為這樣，外界愈是以翁山蘇姬是否獲得釋放作為檢驗緬甸的唯一標準，緬甸當局就愈是不願意在這方面「示弱」。

這是翁山蘇姬的困局，也是緬甸的困局。

仰光和尚和平示威

新聞媒體的禁地

緬甸自從一九七五年奈溫將軍奪權而鎖國以來，就如同共產國家北韓（朝鮮）一樣，成爲新聞媒體的禁地。不要說是發生事情了，就算是平常無事時，緬甸也根本不發簽證給任何媒體記者，唯一的例外是二〇〇六年緬甸爲了宣傳新建首都奈比都，破例邀請境外媒體前往採訪，只不過媒體能看到、能報導的，都是緬甸官方希望外界知道的事。

二〇〇七年九月二十六日，緬甸軍政府開槍鎮壓示威，當時包括美國「有線電視新聞網」（CNN）、「英國廣播公司」（BBC）在內的國際知名媒體所播出的畫面，也沒有一個是這些機構的記者自己拍攝，而是在現場的緬甸民眾所拍，連夜通過緬、泰邊境走

仰光街頭咖啡攤是民間情報站

緬甸孩子

私出去的畫面。

因此，緬甸民眾的示威，可以說是最孤單的示威，現場沒有任何貼著國際媒體標誌的攝影機、麥克風，僅有的幾名境外記者，也都是裝扮成觀光客，拿著不起眼的小型攝影機或傻瓜相機作業。

即使如此，都不能保證他們一定安全。因爲群眾中自有政府的眼線，爲狙擊手指認出目標。

日本自由撰稿記者長井健司在報導該次示威時不幸中彈身亡，緬甸官方一口咬定是流彈射及，但是幾乎所有的仰光人都會毫不猶疑地指出，那根本就是狙擊手所爲。

長井健司當時也僞裝爲遊客，穿著短褲、緬甸人標籤的夾腳拖鞋，手上拿著小型攝錄機。但是在仰光擔任導遊的小楊指出，「他犯了兩個致命的錯誤，第一，他不該穿短褲，因爲一般緬甸人不那樣穿著；第二，他站在人群前面，目標太明顯，使得他的僞裝失去了意義。」

那段時間在仰光採訪的國際媒體記者，幾乎都是混在人群之中，要不就是遠離軍、警，利用長鏡頭攝取以求自保。

最主要的理由就是緬甸明文禁止境外記者採訪。緬甸官方也知道許多記者是以旅遊身分入境偷偷私下採訪，所以在各外館都貼出公告，警告「遊客」不得從事「旅遊以外」的工作。

長井健司身亡的次日，緬甸官方媒體《緬甸新光報》就在報導中指出「他擁有觀光簽證，卻從事報導工作」，這個說法翻譯成白話文就是「死了活該」。

從這個角度來說，在緬甸從事採訪工作的危險性甚至高過許多「眞正的」戰地，因爲在緬甸，記者本身就是槍彈蒐尋的對象。

仰光街頭

緬甸台商剩幾百人

緬甸物產豐富、人工廉宜，有一度是台商競相前往的天堂，最高峰時，據稱有近萬台商在緬甸各地經商，仰光的歌臺舞榭也多是台商在揮金如土，然而曾幾何時，由於緬甸的政治情況無法預測，再加上西方國家的制裁，台商紛紛離去。至今爲止，大約僅餘數百人而已。

待在緬甸前後已經十四年，曾經將養蝦業經營得風生水起的台商楊先生就表示，當年在緬甸賺錢眞的很容易，緬甸海產豐富，他經營的主要項目是白鯧及螃蟹，「每個月隨便做，也都有一萬多美元的收

仰光示威群衆與鎮暴部隊對峙

入，緬甸的生活水準這麼低，眞可以過得很舒服。」

不過由於政府對正當營業者的稅收愈徵愈高，反而助長了買通官員的走私日益猖獗，導致海產賣價直線下降，他最後也不得不收攤，「現在我已經在過『半退休』生活，緬甸生活費用低，我也不想去別的地方，有生意就做一做，沒生意就『閒雲野鶴』，也很愜意。」

台商在緬甸最盛時期是在一九九五至二〇〇〇年間，大多經營成衣、海產、木材，都很賺錢，一到晚上，仰光有限的夜生活場合多是台商出沒，打起麻將來一底就是一、兩百美元。

可是軍政府在翁山蘇姬所領導的「全國人民民主聯盟」贏得壓倒性大選卻拒絕交出政權，反而把翁山蘇姬軟禁，繼而遭到西方國家制裁之後，緬甸的經商條件就日走下坡。

首先，事關成衣命脈的配額遭取消，成衣廠根本無法存活而紛紛離去；其次，軍政府開始管制木材出口，但是受影響的僅是正當營業者，非法走私業者靠著賄賂官員依然可以將木材偷運出口，迫使正當營業者因爲無法競爭而紛紛關門大吉，台商也因此大量離去。

到現在，僅餘的數百名台商大多是經營電腦或汽車零件，特別是後者，由於緬甸到處充斥著舊車，因此有些人生意還做得滿大。楊先生說，「他們從台灣進口舊車零件及翻新輪胎，每個月有十多天在台、緬之間飛來飛去，忙得很呢。」

至於未來的前景，楊先生也並不看好，因爲在緬甸的現況下，打通政府的關係勝於一切，可是這方面的額外負擔，卻並無法保證生意長久順遂。單單這一點，就會讓許多台商望緬甸而卻步。

浦甘傳統市場

緬甸軍頭的外交手段

東南亞國家協會（東協）高峰會二〇〇七年十一月十九日起正式在新加坡登場，事前就有種種分析指出緬甸的問題將會是此次會議重點，加上那陣子緬甸軍政府釋出頗多善意，包括在短短一個月內讓聯合國特使甘巴里兩度往訪，還破天荒讓有關該國頭號民主鬥士、目前還被軟禁的前諾貝爾和平獎得主翁山蘇姬的新聞及圖片登上官方媒體《緬甸新光報》的頭版頭條。

一時之間，似乎給人緬甸軍頭已經「痛悟前非」的感覺，連翁山蘇姬都透過甘巴里發表聲明，指稱她願意與軍政府合作，尋求和解。

因此，東協峰會召開之前，就有各種聲音敦促

緬甸部隊封鎖通往翁山蘇姬住所路段

東協展示肌肉，加把勁對緬甸施加壓力。美國國會甚至呼籲東協暫時中止（Suspend）緬甸的會籍。

但是，沒有一個國家或組織比東協更瞭解緬甸是一個怎麼樣的國家以及自己的無能爲力了。東協高峰會地主國新加坡總理李顯龍當時有關緬甸的一番談話最具代表性。他說，「緬甸的局勢不能持續下去，但東協國家領袖推動當地（緬甸）作出改變的能力有限，東協除了譴責緬甸武力鎮壓爭取民主的示威外，並無其他選擇，因爲東協對緬甸的影響力有限。」他甚至以「緬甸更願意與聯合國合作」爲由，把皮球扔給了聯合國。

緬甸大金塔老和尚參拜

新加坡的政治領袖從來都是務實的，因此李顯龍說的都是實話。對照過去的經驗，緬甸軍頭在可能影響到他們的權力與利益的事情上，何曾讓過半步？聯合國自從一九九〇年指派緬甸特使以來，到甘巴里已是第七任，但是對緬甸的交涉卻是長長的一篇「失敗史」，更有兩位是以「沮喪已極」而辭職收場。

甘巴里的前任，馬來西亞籍的拉札里·

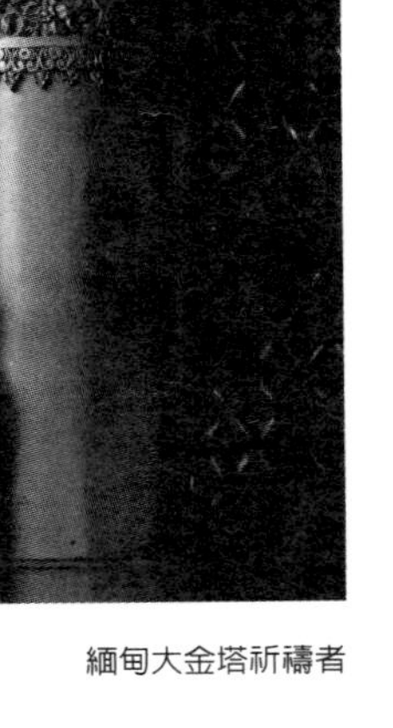
緬甸大金塔祈禱者

伊斯邁爾在長達六年任期中往訪緬甸十二次，在辭職時也不免對《伊洛瓦底雜誌》承認，「最好的結論就是，我失敗了。」

那陣子緬甸政府所展現出的「柔軟」，其實是有原因的。簡單地說，就是在以血腥手段鎮壓示威活動之後，緊接著要面對東協開會及攸關重要的珠寶拍賣大會的一場外交表演。

事後證明，這兩件大事都結束之後，一切又都再回到原點，甚至甘巴里再次入緬，緬甸新聞部長覺山准將都當面不客氣地訓斥他。

全世界有百分之九十的紅寶石源自緬甸，每次的拍賣都可給軍政府帶來超過一億美元的進帳，是主要財源，軍頭們當然不希望潛在買主會受到輿論影響而卻步，所以才表現出「彈性」。

東協當然受到來自美國及歐盟的壓力，緬甸也不會不知道，因此完全有理由相信緬甸的作爲是要爲本身及東協消除壓力，甚至協助東協將國際的注意力從緬甸問題轉移。

不要忘了，緬甸頭號人物、「國家和平發展委員會」主席丹瑞大將早年是心理戰專家出身，對他而言，玩這些把戲太駕輕就熟。無怪乎《伊洛瓦底雜誌》總編輯喬札莫也曾撰文分析緬甸的外交技巧，指稱「對那些將軍而言，跟聯合國特使（甘巴里）打交道，其實就是他們操縱外交及國際輿論的另一張牌而已。」

仰光大金塔入口之一

緬甸旅遊業受重擊

緬甸鎖國達三十年之久，雖然造成國家發展落後以及人民生活困苦，卻不經意中保存了相當純淨的觀光資源，其中最具代表性的就是被譽爲世界三大佛教聖地之一的浦甘。

浦甘的面積僅有十九平方英里，但是卻一度擁有四千座大大小小的佛塔。一九七五年的一場罕見大地震，震垮了將近一半，至今仍然保有兩千座動輒千年歷史的古蹟，裡面尚留存的佛像、壁畫眞是美不勝收，比起東南亞首屈一指的古蹟吳哥窟猶有過之。

緬甸的旅遊資源還遠不止此，譬如仰光的大、小金塔就是觀光客耳熟能詳的旅遊點。

世界三大佛教聖地的浦甘有幾千座佛塔

緬甸當局也注意到自身擁有的觀光資源，因此訂一九九五年爲觀光年，開始推展觀光，十多年下來倒也頗有小成。

但是跟泰國比起來，緬甸推動觀光就瞠乎其後了。別的不說，如果提到「潑水節」，人人立刻會想到泰國，其實東南亞國家裡，寮國、緬甸、柬埔寨都有潑水節，而且緬甸的潑水節遠比泰國熱鬧，可是卻「養在深閨人未識」。

另方面，緬甸的政治狀況一直是西方政府攻擊的目標，各種制裁亦紛至沓來，多年來跌跌撞撞，到二〇〇七年九月軍政府血腥鎮壓示威之後達到高峰，讓緬甸觀光業受到前所未有重擊。

根據瞭解，自當年九月之後，到緬甸的遊客一夕之間陡降百分之六十，久久未能恢復。仰光市區內旅館的入住率僅達二至三成，許多高

◀ 仰光有許多英殖民建築

浦甘佛塔內壁畫十分精采

仰光殖民建築有特色

檔餐廳都因無法支撐而關閉。

以旅遊身分入境的澳洲旅遊記者謝莉·普來昔就指稱，她日前從仰光搭乘遊輪前往瓦城，結果原來可乘載一百八十名客人的遊輪僅有十六名客人，服務人員則有四十人。

造成這個現象的主要原因是包括澳洲在內的歐、美國家都對本國國民發出警告，指稱到緬甸旅遊等於間接幫助緬甸軍政府，因此希望大家「不要去」。

報導旅遊已有多年經驗的謝莉指出，實際的狀況其實並非如此，因爲每一百元旅客在當地的花費大約有二十多元確實會到軍政府手中，但是其他七十多元實際上是流到民間，「所以制裁的眞正受害者還是廣大的緬甸百姓」。

汶萊、中國哥倆好

汶萊雖然偏處世界一隅，卻是個歷史悠久的古國。

《汶萊時報》總編輯特別助理的資深媒體人丘啓楓曾經在一篇論文裡提及汶萊歷史悠久，至少在一千五百年前就已經開始跟中國交往了，兩年多前，在疏濬汶萊舊都哥打巴都地區汶萊河支流甜柑河時，竟然「隨隨便便」就挖出五萬件唐代以來的中國文物及近千枚唐代貨幣。

《汶萊時報》副總經理蘇來發也興致勃勃地指出，「甜柑河裡不知還埋有多少寶貝，汶萊政府欠缺技術，已經停挖，如果能找得到投資者，可以好好發掘一番。」

汶萊的奇特之處在於它雖然「似乎」歷史悠久，可是本身卻沒有什麼足資佐證的文物。位於舊都哥打巴都的汶萊國家博物館，展廳一、二樓的展品幾乎都是諸如伊朗、伊拉克等「其他國家」的文物，有關汶萊歷史的文字記載基本上付之闕如。

丘啓楓指出，造成這個現象的原因是汶萊自古沒有刻石勒碑的傳統，所以雖然一千五百多年前的中國文獻就對汶萊有所記載，卻苦於無從考證，汶萊政要及歷任駐華大使也都先後到過位於南京的「渤泥（顯然是汶萊古稱）國王墓」參訪，可是汶萊官方至今尚未正式肯定墓園裡埋葬的就是明史中所記載，永樂六年（一四〇五年）率員一百五十人訪問中國，並於當年十月因水土不服病逝南京的「渤泥國王」麻那惹加那乃。

如今眾人口中的這個「蕞爾小國」，當年可是喧赫一時的「大國」。特別是第五任蘇丹波吉亞時代國勢達到最高峰，不但統治整個婆羅洲，勢力還涵蓋及今屬馬來西亞的馬六甲、印尼的爪哇以及菲律賓的蘇祿群島、巴拉望群島，甚至也一度攻佔呂宋島的馬尼拉。汶萊的現名 Brunei 音近婆羅洲（Borneo）應該也說明了當年聲威。

然而自十八世紀開始，荷蘭人從坤甸（今印尼西加里曼丹首府）向南蠶食，繼則蘇祿不再臣服，沙勞越土著叛亂，大英帝國勢力也進入婆羅洲，及至一八八八年，汶萊已淪爲英國的保護國，最終成爲如今的「蕞爾小邦」。

可能正因爲汶萊太小，台灣並沒有把它當一回事，二〇〇六年竟然宣布撤除代表處，結果一年下來發覺似乎是「失策」，又在二〇〇七年悄悄復館。

只不過此舉顯然已經傷害到台、汶兩國的感情，再加上中國一直以來對汶萊甚爲友好，兩國關係正是有增無減，位於國都詩里班加灣的「蘇丹紀念館」裡陳設了好幾樣歷來中國政要往訪的紀念品，卻獨缺台灣致贈的紀念品，就是最明顯的「證據」。

汶萊的傳統市場

汶萊福利全球第一

汶萊小固然小，但是卻頗富有。最主要的原因就是英國自一九一三年起在汶萊探勘石油，結果第一口油井在一九二九年正式投產，自此展開了汶萊嶄新的一頁。

在東南亞曾經受到殖民的國家裡，汶萊直到一九八四年一月一日才完全獨立。汶萊蘇丹身兼總理、國防部長、財政部長，又是具有宗教領袖地位的回教首長，可說是集大權於一身，是現存還保有無實權君主制國家中的一個異數。

汶萊蘇丹最為其子民稱道之處，即為他雖然王權無限卻不濫權，施政乃通過內閣，並另設有立法會來制衡權力，十足現代化的馬來君主國。

因此在汶萊，不論什麼人提到蘇丹都充滿崇敬及感激，譽之為一代明君。每年汶萊最重要的慶典就是七月十五日的蘇丹生日，那真是舉國同歡，人民也有機會前往「傳說中」擁有一千七百八十八個房間、金碧輝煌的皇宮，親炙蘇丹風采。

汶萊蘇丹之所以受人民愛戴，很大程度上是他運用石油、天然氣的財源，把汶萊造就成當地人口稱「全世界最好」的福利國。

汶萊水村極富特色

那麼，汶萊的福利好到什麼程度呢？

先說教育吧。汶萊人的免費教育一直提供到大學畢業，不僅如此，如果畢業之後還願意出國深造，政府一樣提供補助。醫療方面也完全免費，如果是汶萊本身醫療機構無法或是不擅於處理的疾病、手術，不論醫生推薦到任何國家治療，都由政府埋單，其中還包括一名親屬陪同前往治療的全部食宿費用。

此外，汶萊是個無稅國，公民免繳所得稅，公司免繳營業稅，連博物館都是「無料」參觀。只要年滿六十歲，管你有錢沒錢，一律可每月領取二百五十汶幣（相當五千五百元台幣）老人津貼。

汶萊人要買車？沒問題，政府提供免息貸款。

汶萊首府詩里班加灣有個名聞遐邇的水村，有一度因爲衛生條件較差而流行痢疾，政府於是提供搬遷費用，希望水村居民上岸居住，孰料水村居民領得搬遷費之後並未搬家，而是拿著錢去買車，政府也無可奈何。最後這項鼓勵搬遷計畫也只有草草告終。

時至今日，面對水村的汶萊河岸邊，沿路每天從早到晚停滿一排排車輛，都是水村居民將座車停駐於此，然後搭乘渡船過河回家，已成爲詩里班加灣的一景。

汶萊人住屋也同樣有福利可享受，多是政府蓋好提供給人民，屋款已經很便宜了，還可以無息每月從薪水中扣，即便如此，還是有不少人賴帳不還，政府同樣也無可奈何。

住在汶萊已經長達六十多年的法律、商業諮詢專家劉華源就指出，他認爲汶萊的福利是全世界最好的，但缺點則是養成了人民工作積極性差，責任心差。他說，「不要說是馬來人了，連我們中國人也都很懶。」

據稱，回教《可蘭經》中載明教徒有互相濟助的義務，所以除了前述的「官方」福利之外，汶萊民間還有許多慈善組織，接受信徒奉獻然後濟助有需要的人，更重要的是，根據回教教義，濟助人是種美德，因此不應該「討債」，這也是爲什麼前述人民賴帳而政府無可奈何的原因。劉華源說，「民間也是一樣，我們借錢給朋友，就是要準備報銷了。」

汶萊王總兵墓園

汶萊全國失業人口僅佔百分之二，相當於七千人，但是這些人不是找不到工作而是「不想做」。就業人口大約是總人口的一半，其中公務員佔了三分之一，外來人士佔了十萬人。換句話說，汶萊人的工作等於都是政府「包下來」了。

前面提到汶萊人買車有無息貸款，所以大家都拚命買，以致人口三十五萬，登記註冊的車輛卻高達二十四萬輛，每個家庭有好幾輛車是司空見慣的事。劉華源說，「上班開賓士車，去菜市場總不能也開著去，只好再買另外一輛。」也因此汶萊街上基本上是沒有計程車的，外來客要車的話必須掛電話叫車，車資議價，基本消費十五汶幣。

汶萊本身產油，汽油應當很便宜囉？

劉華源坦承他搞不太清楚，因爲一般汶萊人都是用公司提供的油卡加油，一個月結算一次，油價又太便宜，誰會去注意到底多少錢？

也就是這樣，住有屋、出有車、生病不要錢、讀書不要錢，借錢不用還、不工作一樣有人濟助，所以汶萊人個個都是消費大王。劉華源就說，「你不要看汶萊只有三十五萬人口，他們的購買力可是一人抵得過五個馬來西亞人。」

汶萊雖然車多，但是人少，所以就算是詩里班加灣大街上都車流稀疏，但是每個月倒有一星期例外，就是發薪水之後。《汶萊時報》總編輯特別助理丘啓楓笑著說，「那個星期到處都大塞車，不過準得很，只要一星期就回復正常，大家的錢都花完了。」

汶萊是天堂？

汶萊的國家福利舉世無雙，那麼，住在汶萊不等於住進天堂了嗎？

這也未必，因爲汶萊所提供的種種福利僅是針對其本身的公民，外人並無福消受。而且汶萊對於公民資格的管制相當嚴格，很多在那邊住了一輩子的華人都還不是汶萊公民。

這是因爲如果要取得汶萊公民，必須要通過馬來語文考試。

馬來語文考試？華人在那邊土生土長，馬來語還考不過嗎？

對不起，那還眞的是考不過。

因爲那種考試完全是主觀認定，只要主考官不想你過，你就過不了。當地華人劉華源表示，「那根本不是考你的語文，而是考你的記憶。」劉華源所認識而且去試過的人幾乎都鎩羽而歸，他得到的結論就是「你永遠也別想通過」，所以他雖然生在汶萊、長在汶萊、工作在汶萊超過六十年，考馬來文？從來沒試過，在汶萊，他只是居民，不是公民。

這個現象也造成六十、七十年代大批非公民的華人專業、技術、熟練技工不斷流失，一些非公民的華校留學生學成之後，也不再願意回到汶萊。

在汶萊的非公民當然有些不方便，譬如說開店就必須找當地的「人頭」，結果被對方「吃掉」的事情也發生過。又譬如不能購屋，住在汶萊已經超過四十年的金門人林登標就一直租屋住。他說，「這麼多年累積下來的租金，早就超過一百萬汶幣（兩千萬台幣）了。」

不過儘管如此，外國人在汶萊也還是可以享受到一定的福利。

譬如說前述的醫療福利，汶萊人固然是免費，但是有居留身分的非公民也只需付汶幣一元，至於擁有工作准證的外國人，費用也只是區區五元。在汶萊經營藍蝦養殖的台商莊錫山就表示，她的太太在汶萊生孩子，結果第二天就有護士上門，表示擔心莊太太不知如何幫嬰兒洗澡，所以特別來協助，一連來了兩天，還是在他們的婉拒之下才停止「關心」。

莊錫山現在有兩個孩子，但是他已經開始擔心將來可能必須與孩子分開。因為他雖然有工作准證，但是那只能保證孩子在十八歲以前可以用「依親」的身分跟著他，十八歲以後，孩子就得離開汶萊。他說，「像這樣家庭分離的例子很多，孩子長大了必須離開，可是老爸的事業已經生根，走不了。」

汶萊是個福利國，可是它的種種福利是靠著石油、天然氣所獲得的利潤在支撐。那麼，有可能永遠支撐下去嗎？

這一點，好像沒人說得準。

新加坡內閣資政就曾多次提醒汶萊自然資源終有用盡的一天，因此應該要未雨綢繆。一般汶萊的

汶萊帝國酒店十分氣派

百姓倒不特別擔心，他們基本上的認知是再支撐三、五十年應該不成問題，而且「聽說最近又發現了新的油礦」。

汶萊政府也並不是毫無所覺，他們對開採石油、天然氣所表現出來的態度是有點「省著用」的樣子。譬如說汶萊的原油產量在東南亞排名第三，日產十五到二十萬桶之間，即使這個產量都是因爲要支撐天然氣產量來供銷日本才勉爲其難達到。

這個「政策」給人的感覺是，反正就只養這三十五萬人，「這樣就可以了」。

因此雖然汶萊也喊出「亞洲的杜拜」的口號，可是作法上卻相差十萬八千里。就在杜拜已經把自己打造成「國際品牌」之際，汶萊還只是個蜷縮在東南亞一隅、沒什麼人知道的「蕞爾小邦」。

別的不說，光是人口政策就可以看出兩者的差別。當年杜拜與汶萊人口相當，但是這麼多年下來，杜拜大量引進外來人才、勞工進行強勢發展，人口更已突破百萬之眾，汶萊則還是「小國寡民」，完全不符合「人多好辦事」的鐵則。

人口少，不但對發展造成阻礙，連國內消費市場都大受影響。詩里班加灣有座美輪美奐的購物辦公大樓，可是每天都門可羅雀。

杜拜有個盡人皆知的「帆船大酒店」。其實汶萊也有個氣勢非凡的帝國飯店，光是那個挑高中庭就有十二層樓高，樓梯扶手上鑲著一粒粒碩大的虎眼石，還有鋪著繡金線的地毯，有室內游泳池、大螢幕電視，面積超過兩百坪的「全球最佳總統套房」。然而這一切卻「養在深閨人未識」。

又如當年耗費鉅資興建的節魯東遊樂場，開幕之後曾經轟動一時，甚至連美國超級巨星麥可·傑克森都曾經聞風蒞臨演出，可是現在卻幾近荒廢在那邊。

汶萊其實在一九六〇年代就倡議要多元化，也煞有介事地擬定了許多「五年計畫」，但是這麼多年下來，卻還一直在「只聞樓梯響」的階段，最新一次的「五年計畫」是由二〇〇六年開始。

凡此種種，給人的感覺是汶萊其實並無心發展，或者是如當地華人所說，汶萊蘇丹太有錢了，很多發展的項目在他看來都是小 Case，當然就燃不起興趣。

汶萊的金門幫

汶萊首都詩里班加灣的主要街道「蘇丹大道」上有間「豐滿樓酒樓」，是當地華人主要的聚會場所，一走進去，前後左右此起彼落的竟然都是台語。這裡，難道是台商大本營嗎？

其實也沒錯，在這裡出入的人幾乎地理上都來自台灣，只不過就算是正港的台灣人也不把他們當作「台灣人」，因爲他們是來自於被習稱作「小金門」的烈嶼。

汶萊的金門幫勢力有多大呢？他們又怎麼會遠渡重洋來到汶萊呢？

以目前來說，整個汶萊的華人大約有四萬人上下，小金門人就佔了近三萬人，在詩里班加灣，那更是看到的華人幾乎都是金門人。

在台灣服過海軍兵役，到汶萊已經超過四十年的林登標「阿標」（瞧，多「台」的名字）表示，應該在一百多年前，金門人由於當地生活困苦，就已經開始往南洋跑了，生根之後一個拉一個，就這樣在南洋落地生根。

正因爲當年下南洋是沾親帶故地互相扶攜，所以才會有同鄉聚落的形成。

小船是汶萊人的主要交通工具

根據估計，大金門人多數是到新加坡、菲律賓一帶，小金門人則集中在汶萊，至今在東南亞一帶的金門人已經多達七、八十萬人，遠遠超過故鄉人數。

金門人離鄉背井，其中許多艱辛不足爲外人道。「阿標」說他當初追隨堂哥到汶萊山區開雜貨店，人生地不熟，有時「連個鬼都沒有」，他後來耐不住才轉回詩里班加灣，一待至今。

金門人在汶萊多是由小生意做起，絕大多數都是經營雜貨、裁縫或理髮。有段時間，詩里班加灣街上的店鋪，幾乎都是金門人開的。

不過近幾年印度人來得很多，他們吃苦耐勞，工時特長，苦熬一陣子後也紛紛開店，對金門人開的商店造成不小威脅。

在詩里班加灣經營雜貨店的吳嘉添就表示，印度人兩粒雞蛋、三毛錢麵粉就打發一天，一個房間睡一堆人，店頭商品的售價相近於批發價，眞的很難跟他們競爭。

不過一九八〇年代以後，金門的狀況也隨著台灣經濟起飛而改善，金門人其實已經不像過去那樣你追我趕下南洋了。現在在汶萊的金門人，他們的下一代由於汶萊移民政策嚴苛，也多數在澳洲、新加坡、美國、加拿大學成後於當地立足。

看來，汶萊的「金門幫」有天可能也會成爲絕響。

一個有意思的國家

許多人以爲汶萊是位於阿拉伯世界的國家，也有人把汶萊跟喜馬拉雅山國不丹攪在一起，更有人分不清它與非洲國家浦隆地的關係。

實際上汶萊位在世界第三大島的婆羅洲（Borneo）西北角，夾在馬來西亞沙巴州及印尼的加里曼丹之間，是個如假包換的亞洲國家。

知道汶萊的人在提到它的時候，大多稱之爲「小國寡民」或「蕞爾小邦」。小邦？其實還好啦，它的面積大約五千七百平方公里，足足是同一區域內新加坡的八倍大；至於寡民？那倒還眞是的，汶萊全國人口三十五萬上下，只及新加坡的十二分之一。

只不過，汶萊還眞是個相對頗有意思的國家。

首先，汶萊雖小，它可是婆羅洲上唯一的主權國家，也是歐洲以外最小的「非島國」國家。汶萊的土地有百分之七十八是未經任何開發的熱帶原始雨林，這個比例是亞洲之冠。

主要原因就是汶萊經濟幾乎完全倚賴所生產的石油及天然氣，而且也完全有能耐只靠前述兩項收入就養活盞盞之數的三十五萬人口。所以汶萊對其他產業、資源的開發並不積極，甚至「閒話一句」

汶萊人逍遙自在

就禁止國內原木出口，才爲這世界保留下一片原始雨林，而被稱作「婆羅洲的綠色心臟」。很多到汶萊遊客的必有節目就是前往「登布朗國家公園」去享受「天然氧吧」。

汶萊的皇宮座落於一片森林之中，是全世界最具規模的宮殿。這座名爲「納魯伊曼」的皇宮寬達一千公尺、縱深兩百五十公尺，共有一千七百八十八個房間，比羅馬教廷的梵諦岡足足多出三百八十八間。

汶萊雖小，但是不只五臟俱全，還有「離島」省分呢，也就是以熱帶雨林聞名的登布朗。我的好友、擔任《汶萊時報》總編輯特別助理的資深媒體人丘啓楓，年輕時就在登布朗任教，他說當年去一趟要搭船好幾個小時，苦不堪言。不過現在都是快艇，四十五分鐘就到了。

這種快艇設備很簡單，就是兩排座位，一次大約搭乘二十人左右，從首都詩里班加灣的汶萊河岸出發，沿途確實相當原始，小艇飛快地在紅樹林遍佈、彎彎曲曲的河道中飛轉，令人心曠神怡。不知爲什麼?當地人都將快艇稱爲「飛行棺材」。其實沒那麼恐怖啦，也沒聽說出過什麼意外。

汶萊最著名的景觀就是詩里班加灣的水村，這個水村歷史悠久，共有三萬居民，是全世界最有規模的，首都逾四分之一人口住在這裡，水村的居民都是有車階級，可惜車開不過汶萊河，所以就都把車停在岸邊轉搭快艇過河，結果汶萊河邊停滿一溜車輛，河上則快艇飛梭，蔚爲一景。

水村衛生條件較差，有一度汶萊政府提供金錢補助，希望水村居民上岸，結果汶萊人拿了錢去買車，幾乎沒人搬上岸住。

汶萊的國寶動物則是大鼻猴。這種猴子一條大鼻子垂到嘴邊，挺個肚子，頭毛橘紅，在汶萊共約有一萬隻上下，也多虧汶萊森林保育工作做得好，才爲牠們保住棲息之地。

東南亞

可憐的東帝汶百姓

二〇〇六年間，東帝汶又起動亂，表面上的原因是由於東帝汶當局開除了六百名對待遇感到不滿因而「罷工」的軍人，結果這些軍人一怒之下進山區成立游擊基地，然後結合了其他對時局不滿的群眾鬧事。

可是實際的情況卻遠要複雜得多，因爲裡面還牽涉到總統古斯毛與總理阿爾卡提里之間的鬥爭。動亂發生兩星期之後，阿爾卡提里公開表示動亂根本就是一場企圖推翻政府的「政變」，不過他認爲古斯毛應該會「尊重憲法」。言下之意已經十分清楚。

東帝汶原先被印尼統治了二十多年，在爭取獨立的過程中犧牲了許多人命。古斯毛和阿爾卡提里都是當年獨立運動的要角，古斯毛還因此被印尼逮捕關了很長的時間，一直到一九九九年才出獄，然後在東帝汶二〇〇二年正式獨立之後出任總統。

只不過所有的人都知道他和阿爾卡提里貌合神離，古斯毛是位浪漫、有魅力的革命領袖，擔任總統之後故意在破爛不堪、連屋頂都沒有的前教育部大樓內辦公，以示與人民同甘共苦，跟阿爾卡提里所處面海富麗堂皇的總理府成明顯對比。其用意也至爲清楚。

東帝汶在獨立之後確實曾經出現過繁榮好景，那時首都帝力市如雨後春筍般出現許多餐廳、咖啡店、啤酒館，甚至於有一度雲集了來自各地的賣春女郎，一到假日，荒僻的東帝汶海灘上還會有「曬木瓜」的景象呢。

只不過，那是因爲當時有數千名頗能消費的聯合國人員及部隊駐紮在帝力市附近，才造就了那番榮景，結果後來聯合國撤走大部分人員，市面立刻就跟著蕭條下來。

其實在東帝汶爭取獨立的期間，就有澳洲學者做過研究，結論是東帝汶根本沒有獨立的條件。

但是獨立運動領袖哪裡聽得進去，或者也許是「故意」聽不懂。一般老百姓有些受到印尼軍隊欺壓，又相信了獨立運動領袖所描述不切實際的前景，就跟著前仆後繼鬧革命；鄰近的澳洲在地緣上當然支持東帝汶脫離印尼，因爲如此一來，東帝汶也會像巴布亞．紐幾內亞、索羅門群島等南太平洋國家一樣成爲澳洲的「禁臠」。澳洲所覬覦的是東帝汶海溝底下的石油蘊藏。

這樣東鬧西鬧，每年對東帝汶給予大量補助而已經感到吃不消的印尼終於在哈比比總統任期內放手，讓東帝汶通過公民投票而脫離。

現在東帝汶已經獨立了六年，但是還是一無所有，老百姓失業率高達百分之七十，我在二〇〇四年曾經重回東帝汶採訪，發現老百姓活得更辛苦，許多人只能靠著在自家後院種玉米維生。有位漁民對我訴苦，說是從前還能到印尼海域捕魚，現在卻不行了。

古斯毛在雅加達遭軟禁的期間，我曾經給他做過專訪，當時問過他一個問題，大意是哈比比曾經說「東帝汶除了岩石什麼都沒有」，那麼，獨立之後怎麼辦？

古斯毛很浪漫地答稱，「我們會在岩石上栽出花朵」。台北《中國時報》大概也覺得他的這句話「豪氣干雲」，於是還作成標題。

不過現在已經六年了，東帝汶的石頭還是石頭，花朵並沒有出現，最近的亂，也讓人覺得「革命尚未成功」，古斯毛恐怕也早已忘記了他講過的那句話。

只是我見到那些在動亂中張皇失措、哭喊逃離冒著黑煙家園的可憐東帝汶百姓，心裡就不免難過。一九九九年動亂時我在現場，時隔九年，東帝汶百姓的命運依然沒有改變，還可能更壞了。

巴紐資源豐富，卻民貧國困

二〇〇三年，我到巴布亞．紐幾內亞（巴紐）採訪新任總理索馬里。他在接受訪問時半開玩笑地說，「你的報導刊出之後，很多台灣的人應該就會眞正知道巴紐在哪裡了。」

索馬里說的固然是句玩笑話，可是事實上，這世界上絕大部分人還眞的不知道巴紐在哪裡，最常見的反應就是「喔，那不是在非洲嗎？」

這個反應也不奇怪，因爲「紐幾內亞」（New Guinea）實際上就是「新幾內亞」的意思，這個名字產生的原因就是由於當地住民與非洲幾內亞的人十分神似，所以殖民者才將之稱爲「新」幾內亞。至於「巴布亞」，則是形容美拉尼西亞人滿頭怒張的頭髮。

新幾內亞是世界第二大島，現在一分爲二，西邊是印尼的伊利安查亞省（現稱爲「西巴布亞」），東半部則是巴紐。

日本在二次大戰時發動太平洋戰爭，曾經在新幾內亞苦戰經年，因此留下許多戰爭遺跡，著名的日本海軍山本五十六大將即沉戟於巴紐海域，因此至今仍有很多日本人專程到巴紐各處憑弔；此外，由於當時戰爭期間有不少船艦、戰機被擊落或沉沒在巴紐一帶的海域中，因此巴紐附近也成爲潛水參觀沉機、沉船的絕佳勝地。

新幾內亞還有一個爲人津津樂道的特殊之處，就是當年人人聞之色變的「食人族」。近四十年前，美國鋼鐵大亨洛克斐勒的愛子，就是到新幾內亞探險時被食人族捉去，弄個大土鍋「煮熟吃掉了」。

這類事情，現在當然已不復再有所聽聞，只不過與世界上許多地方比較起來，新幾內亞還是相當落後的。西方媒體也特別愛刊登當地土著手持弓箭，頭戴羽毛飾物，全身上下只在生殖器上套個「伯蒂卡」（護套）的鏡頭。

實際上，新幾內亞是世上少見資源異常豐富的地方，金礦、銅礦、天然氣、石油、木材、海產……幾乎無所不有，台商就有人在那邊經營魚翅、海蔘而大發利市。可是這麼長的一段時間以來，巴紐幾乎都處於被澳洲人剝削的情況之下。

澳洲目前每年給巴紐三億五千萬美元的援助，可是每年從巴紐搜刮走的卻已經接近天文數字。多年前，巴紐在前總理史凱特任內，曾經與台灣短暫建立邦交，當時澳洲急得跳腳，硬是把史凱特的總理職位「作掉」，連帶廢除台、巴邦交，主要的原因就是害怕台灣企業進軍巴紐。

另個明顯的例子便是長久以來，澳洲一直對巴紐灌輸當地不適合種植稻米的概念，因此巴紐雖然國貧民困，卻還是人人都吃澳洲的進口米呢；沒想到我國農技團在巴紐推動稻米種植，發現在台灣一年只能兩穫的稻種，在巴紐竟然能收穫四次，當場戳穿了澳洲人的騙局。

鴕鳥政策

印尼「環球小姐」候選人納迪娜二〇〇六年七月到香港參加選美，回國之後竟立刻受到該國回教激進組織指控，指稱她在選美會上身著泳裝搔首弄姿「有傷風化」，是「對印尼和所有婦女尊嚴的無禮侵犯」。

納迪娜未能進入決選，又面臨司法訴訟，一旦罪名成立，還得面對二至六年的監禁，不知她心中作何感想？是否後悔？

無獨有偶，柬埔寨同年計畫恢復已經停辦四十多年的選美活動，以便選出可以代表該國出賽「環球小姐」的候選人。只不過該國文化部官員已經放話，表示選美活動可以辦，但是不可以有穿著泳裝走台步的項目，因爲那「對柬埔寨本土的文化會有不健康影響」。

泳裝競賽本來就是國際選美活動中規定的項目，這是因爲身材良好與否確實是審美之中的重要標準之一，現在既然要辦選美，又不准穿泳裝，不就是「鴕鳥」嗎？

這又讓人不由得聯想起有陣子在印尼鬧得滿城風雨的《花花公子》出刊事件。

印尼版的《花花公子》其實乏味至極，別說是裸體照了，根本是連泳裝照都沒有，只是本打著

「花花公子」名號的一本正經八百雜誌。

結果出刊之後兩面不討好，消費者大罵「貨不對辦」，保守的團體照樣示威抗議，衝進該雜誌位於雅加達的辦公室一陣打砸，嚇得出版者把整個雜誌社搬到巴里島。

巴里島是印尼境內相對較為開放的地方，島上居民信奉的是印度教，又充斥著來自世界各地的觀光客、尋芳客，因此在情色方面的態度相對開通得多。

但是即使如此，第二期的《花花公子》跟正牌的《花花公子》比較起來，簡直就如同幼稚園讀物，封面女郎還是穿著魚網裝不敢裸露，內頁最寬鬆的尺度也只是露出肚臍而已。

這麼一本「不花花公子」的《花花公子》，廣告商卻也不敢冒險，紛紛打退堂鼓撤頁，所以第二期《花花公子》中有很多原先應該是放置廣告的空白頁。這當然是發行者的無言抗議。

諷刺的是，印尼市面上比《花花公子》大膽得多的「本土」雜誌比比皆是，而且是公開在大街上叫賣。

被稱作「草埔」的唐人街，更是充斥著販賣色情光碟、雜誌、壯陽藥乃至於迷姦藥的小販，任何人都可以不費吹灰之力就找到並且購買這些「價廉物美」的色情商品。

警察看不見嗎？那些口口聲聲要捍衛善良風俗的保守團體又到哪裡去了呢？從這個角度來看，《花花公子》的發行者眞是「有夠衰」。

印尼達亞族、馬都拉族水火不容

印尼加里曼丹舊時稱做婆羅洲，主要的原住民是達亞族，後來印尼政府爲了安頓東爪哇馬都拉島上貧困的馬都拉族，就遷移了大量的馬都拉族人到西加里曼丹，結果兩個族群之間衝突不斷，發生了好多次互相砍殺事件。

最恐怖的一次是發生在一九九七年底及九八年初的跨年屠殺。

事情發生在九七年十二月底，當時兩位達亞族青年在戲院與馬都拉族人發生爭執，結果被憤怒的馬都拉人殺死。

事情傳出之後，達亞人立即動員將馬都拉人居住的地區團團圍住，開始了一場連續三個多月、腥風血雨的跨年械鬥，前後共有三千多人喪生。

事情開始發生的時候，印尼政府也不敢介入，只好將整個區域封鎖起來，首都昆甸市對外交通完全斷絕，媒體記者也一概不准進入，讓兩族人馬互相殺了一個痛快。

據當地的居民表示，在那段時間中，沒有人敢進入「戰場」，有時不得不經過周邊地區，經常就看到達亞人舉著斬下的馬都拉人手、腳甚至首級揮舞，很多人嚇得回家就生病。

在昆甸市區經商的華人陳幸夫就指出，那時達亞人斬下馬都拉人首級，都用煙燻後一字排開展示在街頭，噁心得不得了，他看了以後幾個月之間都不敢吃肉。

在西加里曼丹，達亞人佔總人口的百分之四十一，大約有一百六十萬人；馬都拉人則只佔了人口的百分之二，雙方的宗教信仰也不同，前者信奉基督教，後者則是回教，所以兩邊人馬一直有相當大的矛盾，可是由於人數太過懸殊，一有事情發生，總是馬都拉人處於捱打的局面。

達亞人的傳統是，如果有一名達亞人被殺，那麼在四十八小時內，對方一定要對事件作出交代，否則的話就是「血債血還」。

二〇〇一年二月，一個達亞孩子在街上遭馬都拉人駕駛的車撞傷，結果又引起衝突，造成兩百多名馬都拉人被殺。

族群的問題從來就不容易處理，加里曼丹的達亞族和馬都拉族，就像是隨時會爆炸的火藥庫，他們殺起人來又很「傳統」，幾乎都是砍頭，更加讓人覺得血淋淋。

吳哥窟快被玩垮了

位於柬埔寨北方暹粒市郊的著名古蹟吳哥窟在一九九三年被聯合國教科文組織核定爲世界遺產。那時柬埔寨還籠罩在長達數十年的內戰陰影中，鮮少有遊客敢於前往「探險」，因此當年到達吳哥窟的遊客僅有盞盞之數的七千六百五十人。

柬埔寨上一次的內戰在一九九七年結束，現任總理韓森掌控了全局。十年以來，柬埔寨維持了相對安定的局面，前往旅遊的人也愈來愈多。根據吳哥窟的門票出售紀錄，二〇〇六年共計賣出九十萬張門票，收入達兩千五百萬美元，旅遊團多數來自南韓、日本、北美及英國，估計到二〇一〇年，將會有三百萬遊客造訪。

過去十年間，暹粒市也幾乎完全改頭換面，大型旅館雨後春筍般出現，甚至也建成了有如美國賭城拉斯維加斯式的購物中心。

在這一片榮景背後，卻悄悄地出現了隱憂。

聯合國教科文組織在吳哥的最高負責人特洛．金納就憂心忡忡地對媒體指出，他們對這種空前的、幾近失控的現象十分關注，因爲大量遊客毫無節制的湧入，已經直接對古蹟本身及周遭環境造

巴戎神廟的高棉微笑

成損害。他說，「爲未來的世代保存吳哥一定得優先於商業上的剝削，而且這些商業上的剝削也僅有利於外國的投資者，當地人其實並無緣享受。」

吳哥旅遊局局長喬森則表示，該局正在爲管制遊客的相關法規作最後的修訂，同時也在訓練看守寺廟的守衛員，以及教育遊客如何共同努力保護各項古蹟。

只不過這一切不見得趕得及古蹟遭破壞的速度。爲紐約「世界紀念碑基金會」在吳哥工作已長達十五年的史塔柏就認爲，現在吳哥的旅遊發展已經完全失控，除非柬埔寨當局趕緊採取立即而且激烈的手段，許多吳哥的魔力及遺產就將永遠失去。

舉例而言，座落於小丘上的金巴坎神殿是古吳哥文明的重要遺跡，但也是遭受損壞最嚴重的遺跡之一。現在每天傍晚至少有三千人爬上其窄窄的石階，搶佔觀看吳哥城日落的好位置，甚至任意搬弄散落其間的石雕。

史塔柏指出，金巴坎神殿經不起這樣日復一日的破壞，他認爲該神殿應該立即封閉進行維護，才能阻止進一步損壞。

世界銀行也提出警告，指出包括著名巴戎神廟在內的一些其他寺廟，也因爲周遭的觀光建築業者超抽地下水，使得這些神廟已經開始下陷。

事實上，和若干年前相較，吳哥的風貌已經逐漸失去過去的古樸、寧靜，譬如遊人最多的小吳哥本身，就出現了許多極爲醜陋也不相稱的木板步道、鐵索扶手。暹粒市則因爲到訪吳哥的遊客日益增多，逐漸發展成與許多其他地方一樣庸俗、熱鬧的觀光點。

吳哥窟曾經經歷過文明的失落、長年埋沒在濃密的原始森林中，紅高棉作亂期間，不但把許多石雕佛像的頭部切掉賣錢換軍火，也曾用過吳哥的城牆當作射擊靶場。

這種種，吳哥都熬過來了，但是吳哥現在可以頂得住一波波遊客的無情攻擊嗎？

吳哥的魅力無人能擋

戒菸聖地

香港媒體朋友曹景行在「英國廣播公司」中文網上寫了篇文章，講述香港頒佈嚴厲的禁菸法令，讓他的好友「菸槍」梁文道痛不欲生，不僅誓言寧可常回大陸工作也不會戒菸，而且還在其報刊專欄中一再強調「人也有吸菸的自由」，更反控香港社會沒有理性討論禁菸政策，而是把吸菸者單純地「妖魔化」。

根據香港最新的禁菸律，自二〇〇七年元旦開始，全港一千二百多個公眾娛樂場所，包括茶餐廳在內的所有飲食場所全都禁止吸菸，甚至連大一點的公園裡都要劃出一小塊地方，作爲特定的吸菸區。

曹景行也以本身爲例，指出「本人十多年前就因《亞洲周刊》所在的辦公樓裡不准再吸菸，經常到樓下銅鑼灣海邊『企街』。後來因爲每天要編寫的稿件實在太多，沒有時間下去三十多層過菸癮，居然只一個月就結束了逾二十年的抽菸史，從此不沾。」

所以他得到個結論，如果有誰眞的想要戒菸，香港也許是華人世界當中最理想的地方。

哈，哈，景行兄啊，到曼谷來看看吧。我從十四歲開始抽菸，最多時一天三包，一直到五十五歲

泰國不准公開展賣香菸

時才在曼谷戒掉，而且是「眞」戒掉了。

曼谷之前，住在新加坡，那個地方管制嚴厲出了名，不許抽菸的場合不會少於香港，香菸價格也應該貴過香港，還規定入境旅客不准買免稅菸，偷帶香菸進口被逮的處罰嚴厲到讓人難以想像。我在那裡住了六年，但是菸沒戒掉。

後來搬到曼谷，菸當然還是照抽。

二〇〇五年五月，泰國忽然下令所有香菸盒上必須有大約五分之三的位置印上噁心至極的各種圖片。有開膛的肺癌圖片，有一嘴煙燻爛牙圖片，也有孕婦及畸形兒圖片。

那天晚上走進 7-Eleven 掏錢買菸，見到那些圖片確實倒胃，心想抽菸是種享受，爲什麼要忍受這種噁心的圖片。「算了！今天不買。」掉頭就走。

眞是豪氣干雲，意志力堅定如鐵到可以比美革命志士。

其實哪有這麼容易？我十多年前曾經戒過五年（說是戒，其實是戒「買」，「伸手牌」還是照抽，「伸手牌」都斷炊時更會偷偷允許自己買一包，只不過抽得少，就算是「戒」吧），結果後來遭逢生命中大變，一開戒反而抽得更凶。

所以我知道自己雖然那天沒買，卻還並未戒掉。只不過不出幾天，泰國政府又出了更厲害的一招，就是下令香菸全部下架，一律不准展示出來，商店只能掛個「本店有賣香菸」的牌子。有顧客要買，才能從抽屜中拿出來。

香菸之所以難戒，就是因爲取得太容易，菸就這麼一小包，貴，能貴到有菸癮者買不起嗎？其實菸癮很大程度是心理上的，有戒菸經驗的人都知道，剛開始的一星期到十天最難，看到電視影片上亨佛利鮑嘉瞇著眼叼根菸的酷樣子，自己就想也來根。吃過飯，上廁所，準備寫稿，約會時等人等不到……都是想破戒抽根菸的「時機」。

好吧，到街角小店買包菸，「抽完就不抽了。」就這樣，哪裡戒得掉？

但是在曼谷，街上已經沒有香菸的蹤跡，隨時隨地「選購」的樂趣宣告終結，買菸最主要的誘因沒有了。簡單地說，泰國是從心理上幫人戒菸，這招才是打蛇打在七吋上，我就這樣戒掉了。

所以呀，泰國才是戒菸聖地。

東南亞其實很中國

泰國有陣子政治上很不安定。曼谷地區反前總理塔信的示威幾乎無日無之，在皇家田廣場的集會上，還出現了中國京戲搞笑諷刺劇，負責演出的是曼谷法政大學校友，這些校友現在都已經是成功的商人，甚至有些還是政府官員，他們粉墨登場，在濃妝之下巧妙地掩飾了眞實的身分，至於演出的戲碼則是「大長今」進京向「包公」申冤，控告貪官污吏，被告當然是影射塔信。

韓流席捲亞洲，韓劇《大長今》在泰國也大爲流行，很多人都看得廢寢忘食，所以泰國人知道「大長今」並不稀奇。

只不過他們也知道「包公」？

其實泰國人不但知道，而且提起「包公」時還頗內行地稱呼他那許多華人可能都搞不清楚的本名「包文拯」（Pao Boon Jin）呢。有次跟一位泰國朋友聊天，她抱怨別人說她長得像猴子，「就是你們的那個『孫悟空』啦」，她用泰語發音，所以聽起來竟然很像閩南語的「孫莫空」。

同樣的情形也出現在印尼，不少印尼人都知道《三國演義》裡的人物及典故，從前那位眼睛半盲的總統瓦希德就常常在說話時引中國的經，據中國的典，也對外表示他有中國的血統。

越南就更不用說了，早年根本就是「安南國」，還到中國去進貢呢。我在河內參觀文廟，裡面全是標準漢字碑文，有圖片展示出當年考試的闈場，考完之後的狀元、探花、榜眼也「很中國」的來個大合照。這一切，現在已經不太懂漢語的越南學生一樣看得津津有味。

有回我到越南北邊的下龍灣遊覽，找了路邊一家中餐館用餐，那位穿了身越南服的老闆娘既年輕又漂亮，一口京片子溜得無比。下龍灣由於地處越北，與中國相鄰，因此有中國人並不稀奇。哪裡知道攀談之下，才赫然發現她是道道地地越南人「阮氏淑芝」呢。那口京片子，竟然完全是自修來的。

中國近年來經濟火旺，大家都搶著學中國話，像「阮氏淑芝」這樣的「越南中國人」也愈來愈多，越南當然也就愈來愈中國啦。

其實泰國也很中國。前面所說的政爭，幾個主角包括總理塔信、全力拉倒他的媒體大亨頌提以及前曼谷市長針隆，都是華人。

塔信華名「丘達新」，和原名「盧金河」的針隆都是潮州人。頌提則是原名「林明達」的海南人。所以泰國政壇大戰，結果全是中國人打中國人。

印尼的華人也多，只是印尼長年實施同化政策，華人全都取了印尼名，新一代的華人大都不會講華語，更遑論閱讀華文報章。

幾個東南亞國家的華文報紙都有讀者愈來愈少的困境，有次一位曼谷媒體朋友說有份華文報要賣，希望我鼓吹報社前來投資。這是注定完蛋的生意，我哪裡敢建議？

唯一的例外是新加坡和馬來西亞，特別是新加坡，最近宣布要出一份免費的華文早報，加上原來的《聯合早報》、《聯合晚報》、《新明日報》以及兩份華文學生報，彈丸之地竟有六份華文報。中國愈來愈強大，足見新加坡的領導人長年灌溉華文土壤，確實有遠見。

東南亞按摩各擅勝場

到東南亞旅遊，按摩顯然是必有的節目之一，尤其是泰國，按摩院滿街都是，我已經在曼谷住了三年多，竟然還常常不自覺會嘀咕「這些按摩院眞的都有生意嗎？」就是因爲按摩院眞是太多了，而且還不僅僅是曼谷，芭提亞、普吉島、蘇梅島，只要是有觀光客出現的地方，按摩院就是固定的風景。

只不過我至今無法接受泰國的古式按摩。泰式按摩最大的特色就是把人扭來轉去，在曼谷住定之後試了次泰式按摩，按摩，當然是累了才想去按，結果幾番睡著了又被像麻花般「扭」醒，那些按摩師父雖然是女性，手勁卻一點不輸男性，也不管客人是否睡著，硬是按部就班照表操課，該拉就拉，該扭就扭，怎麼睡？按完之後更累，從此就不再試了。

還好有腳底按摩。我愛走路，經常一走幾個小時，每每疲累不堪，腳底按摩就正好「腳痛醫腳」，沙發上一躺，兩腿一伸，每次都睡得很順利，常常還因爲從頭睡到尾而覺得划不來，心疼錢花了，可是按摩的樂趣卻恍然不知，都「睡掉了」。

不過泰國按摩眞便宜。住新加坡時曾經去做過腳底按摩，好像是坡幣三十五元左右，合泰銖就是八百元，可是曼谷街上最貴的腳底按摩也不過兩百五十泰銖。

我住的地方旁邊就有腳底按摩，因爲不屬觀光區，一次才一百泰銖，有次逛到一處廟宇，裡面居然也有按摩服務，腳底按摩六十泰銖，廟裡的設備當然比較簡陋，但是師父其實更專業，後來有朋友來曼谷，我就帶他們到廟裡「初體驗」一下。

曼谷按摩店招牌

當然，泰國最出名的還是「人體按摩」，也就是所謂的「泰國浴」，按摩女和顧客裸裎相見，身上塗滿沐浴精泡沫在顧客身上磨蹭，這種按摩本來就是純色情，場所均稱爲「XX大浴室」，價格兩千泰銖起跳，另外也打出大學生、模特兒、影視明星等噱頭，價格則三級跳，其實有誰知道究竟是否眞的。

印尼巴里島的按摩與泰國頗有差別，基本上是以精油按摩爲主，顧客趴在鼻孔處有個洞的按摩床上，各種氣味、功效各異的精油就在下方撲鼻而來，按摩女郎則在顧客身上塗抹精油，然後經脈、穴道按摩，手法通常很輕柔，我也是每次呼呼大睡，一覺醒來渾然不知已經按完了。

我有時會「小人之心」地偷偷察看手錶，發現不管是曼谷或巴里島的按摩女郎都很老實，不會因爲顧客睡著就偷減時間，至於睡著的時候她們有沒有去喝茶、聊天，那，就管不了那麼多了。

東南亞國家觀光區多半有按摩服務，差別僅在服務好壞，不過也有些別有特色。

我有次到緬甸採訪，晚間疲累之餘請酒店安排按摩服務，門鈴響處竟赫然見到兩名按摩女郎。結果當天一個拉手、一個扯腿，硬是讓我享受了次「齊人按摩」。

曼谷按摩店

風水也會害人？

東南亞華人不少，風水之說亦很盛行，倒讓我想起多年前的趣事。已過世、當年卜居柬埔寨首都金邊市的台灣「竹聯幫」大老陳啓禮在二○○○年時遭到柬方逮捕，我去採訪時特地繞到他原先居處打探消息，到了門口卻怎麼看都覺得不對勁。

左研究，右觀察，赫然發現他家大門雖然樣子沒變，卻向左移了一大段。

一年多後他被釋放，再去採訪時就把這個憋了一年多的疑問提出請教。才獲告知陳宅大門確實是在他被捕前不到一個月才作的遷移工程，當時將整個門向左遷移了大約十公尺。

在此以前，陳啓禮在金邊的行事非常低調，平時足不出戶，幾乎整天都是在游泳池旁的涼亭泡茶待客，外人也無從窺其堂奧。

但是大門遷移之後，包括涼亭在內的游泳池大部分，都可以由外從門縫中瞧見。

難道，就是因爲他的日常活動曝光了，才會遭到逮捕的劫運？

提到這件事，陳啓禮笑著說，「眞是被那位『鐵釘劉』（亦即『鐵齒劉』的意思）害慘了，就是他父親以風水的觀點勸我遷移大門，我在這邊住了這麼久都沒事，結果把大門移了一下，哪裡知道，一移就出事。」

原來，陳啓禮通過友人介紹讓「鐵釘劉」來爲他看風水，但是「鐵釘劉」表示陳家的氣勢太盛，只有他的父親「才有能力」處理。所以，陳啓禮還專程從台灣請來「鐵釘劉」的父親。陳啓禮說，「鐵釘劉」的父親一亮相，哇，仙風道骨、器宇非凡，還沒開口他就已先信了三分。結果「鐵釘劉」的父親直斷陳家大門必須遷移，並且要在家宅後面種植竹林，如此一來就「前有水，後有林，必將大發呀。」

陳啓禮本來尚未下定心意，後來他的妻子（人稱鴨婆）來金邊看他，他就將「鐵釘劉」的話轉述一遍，結果「鴨婆」答道，「我不是早就告訴你了嗎？」

陳啓禮笑著說，「我老婆的說法其實都是『馬後砲』，可是我對老婆一向言聽計從，哪裡敢置一詞。」於是陳家大門就遷移啦。陳啓禮也在很短的時間內就被捕。他說，「唉，這些都是劫數。」

至於大門要不要再遷回去呢？陳啓禮大笑著說，「遷回去的話，這些費用一定要『鐵釘劉』出」。」結果陳啓禮身邊的一位「小弟」在旁邊接腔道，「報告陳董，最新消息，『鐵釘劉』已經得了口腔癌。」

聽了這話，陳啓禮笑得更大聲了，口中直說，「誰叫他這麼『鐵齒』。」

計程摩托車

東南亞有幾個摩托車「大國」，分別是泰國、印尼、越南，也都有計程摩托車的服務。說是「計程車」，但是車上並無計程碼表，完全是由摩托車「司機」說了算，只有懂得門道的遊客或是當地人，才知道該如何殺價，一般的遊客初來乍到，敢於乘坐計程摩托車的人應該只是極少數。

這三個國家的計程摩托車之所以會盛行，最主要的原因是塞車的情況太嚴重，雖然計程汽車的服務也算方便，但是計程摩托車可以在車陣中左穿右梭。爲求快速抵達目的地，靈活的計程摩托車當然是最佳選擇。

計程摩托車最有制度、管理也最好的國家要屬泰國。

在曼谷的大街小巷，幾乎每個路口都可以見到計程摩托車的蹤影，「司機」們一律穿著有號碼的橘色背心，很好認。

曼谷市區內小巷道像迷宮一樣，天氣又炎熱，很多人坐捷運車到站之後就轉搭計程摩托車，省得走路。

不過這些計程摩托車頗欺生，見到「法蘭」（Farang，泰文「外國人」之意，跟芭樂同音，所以在泰國說「吃芭樂」，也可以解釋爲「嗑外國人」）常常會亂開價，其實一般泰國人搭乘計程摩托車都是走短程，車資大約就在十至二十泰銖之間（美金三毛到五毛）。但是「法蘭」的「等級」常在四十泰銖以上。

我有次到泰國公共關係部（民聯廳）辦事，那個地方前不巴村、後不著店，離捷運站有段走起來大汗淋漓，恨不得自己會飛的距離。但是人煙不旺，計程車很少在該區域攬客，於是民聯廳的後門就聚了一批計程摩托車。我找了一台，開價四十，被我攔腰斬成二十。

到捷運站時，另一台幾乎同時出發的也到了，那位乘客顯然是泰國當地人，我看他也掏出一張二十泰銖的紙幣，不免有些洋洋自得，心想「我終於算是『在地人』了」。

哪裡知道就在我也掏出二十泰銖的時候，一轉眼很洩氣地瞥見摩托車駕駛居然找零十元泰銖給那位乘客。

其實曼谷的計程摩托車「業務」還不只載客，他們也幫公司行號送快遞、文件，幫小商店送貨，也有不少台商雇用這些計程摩托車當信差用。

印尼首都雅加達的計程摩托車叫作「歐傑」（Ojak），雖然不像曼谷幾乎每個街口都有，但數量也不少。不記得他們究竟是否有穿制服，卻並不難認，因爲他們通常都在路口或公車站牌邊坐成一排，一看即知是在等顧客。

同樣的，他們也欺生。我有次在雅加達採訪示威活動，由於交通堵塞，計程車都不去，只好跳上「歐傑」。他把我載到一處天橋，說走下去轉個彎就到了。結果我走了半個多小時。

在雅加達乘歐傑頗有心理壓力，曼谷的計程摩托車雖然也鑽來鑽去，但是基本上算守交通規則，紅綠燈也當回事。雅加達的歐傑就不同了，橫衝直撞見縫就鑽，紅綠燈完全透明，我坐在後座就經常有膝蓋跟旁邊車輛乃至行人「擦撞」的情況。因此除非萬不得以，還是以乘計程車爲主。

越南又是完全不同的風景。河

曼谷計程摩托車

內、胡志明市街頭都有計程摩托車，不過他們都不穿制服，而且也不群聚，經常是一輛車跑單幫在街頭攬客，攬客的方式卻讓人很不舒服、很不安心，是騎車跟在你身旁一直嘀嘀咕咕。這些駕駛一律戴著鴨舌帽，眼神透出一種鬼祟，我很懷疑有任何遊客敢於乘坐，我就從未坐過。

有次將近半夜在胡志明市迷路，硬是找不到應該就在附近的旅館，向一位街角的計程摩托車問路，他只說「我載你去，兩萬越南盾。」兩萬越南盾其實才美金一元多，但是我不喜歡他那種欺我不知的態度，所以就是不坐。

後來我繞了一大轉，他也跟在我旁邊喋喋不休。突然他不再囉嗦掉頭走了，我抬眼一看，不就是旅館嗎？原來霓虹燈熄了，看不到廣告牌，其實位置離我最初向他問路的地方大約才十公尺。

東南亞計程車學問大

一九九八年調職東南亞，兒子問我新加坡是個什麼樣的地方？我哪裡知道，就跟他說，「那是個很小的國家，你不是在學直排滑輪嗎？到那邊就不能再玩，因為一不小心就會滑過頭，跑到馬來西亞去了。」他那時才九歲，兩隻眼睜得大大地，居然相信了。我趕快跟他說是玩笑話啦。

但是新加坡是真小，全國面積只有約六百九十平方公里，南北距離二十三公里、東西則為四十二公里，因此還被從前的印尼總統哈比比譏為地圖上的一個「小紅點」。

但是也真虧了新加坡這麼小，所以我在那邊住了六年，就始終沒有購買自用車。一方面固然是由於新加坡的大眾交通工具十分便捷，再者就是新加坡小，計程車從頭跑到尾，也花不了多少錢。

我那時是從美國東岸的紐約市搬到新加坡，紐約市的計程車一坐上去就是美金三塊多，碼錶不管車子行進或靜止都照跳不誤，跳得人心驚膽戰，紐約市又是著名的塞車城，坐計程車完全無法掌握時間，付錢時更是一肚子火。

新加坡多好，上車兩塊二新幣（一塊兩毛五美金）起跳，從來不塞車，時間算好就絕對不會誤事，車子又新，不像紐約計程車坐起來磬鈴匡啷。新加坡計程車的無線電招服務也做得很好，路邊攔不到車，撥個電話，車就來了，多付點錢而已。住在這樣的地方，哪裡需要再養輛車？

兩年前搬到曼谷，乖乖，計程車比新加坡還便宜，三十五泰銖起跳，還不到美金一塊錢，曼谷的塞車舉世聞名，更沒道理養輛車來受罪。

曼谷的計程車便宜到什麼程度呢？

我常常跟初來乍到的朋友說，只要兩個人以上出門，坐計程車絕對比乘坐捷運划得來。在曼谷，兩個人一道出門，不管去任何捷運可到的地方，平均單程車資大約是六、七十泰銖，這樣的花費，乘坐計程車也一樣到得了。

很多人到了曼谷都喜歡乘坐有特色的「嘟嘟車」。其實一般自認爲有點身分的泰國人是不乘坐嘟嘟車的，他們認爲嘟嘟車是「最下層」的交通工具，除非萬不得以或是需要載計程車不方便載的貨，通常都不坐。

我其實很喜歡嘟嘟車，有次跟女朋友說想買輛嘟嘟

在曼谷乘坐計程車，兩個人共乘就比捷運划算

嘟嘟車喜歡敲「老外」

車，她的那個表情完全是「那我們分手算了」。

所以嘟嘟車的主要乘客是「老外」，既然是老外，當然要好好敲一筆，再加上是議價，車資通常都較計程車貴許多，可是老外以自己國家的標準來算，多半覺得「不貴」，就歡歡喜喜坐上去。

其實嘟嘟車又貴，又熱，又污染，嘗嘗鮮倒無可厚非，眞沒必要常常坐。

曼谷素旺那普新機場有前往市區的巴士服務，我趁著送朋友的機會在回市區時試坐了一下，很舒適也很方便，車資一百五十泰銖。但是計程車資連高速公路收費在內也不過就是兩百七十泰銖，有兩人同行的話，當然還是坐計程車划得來。

越南的計程車也滿有意思，不同的車輛起跳價格居然也不同，我沒仔細去研究原因，當地台商幾乎都有私人司機，也不會去坐計程車，所以問不出個所以然。感覺上車資是因爲車內的設備及空間大小而有差別，不過車況一般較差，有次在河內好不容易攔到一輛車，坐上去轉個彎就熄火再也發不動了。

印尼首都雅加達的計程車也算方便，幾乎隨招隨有，只不過良莠不齊，不是熟悉車行的車盡量少坐，就算是機場排班的計程車也一樣。一般來說，我只認「藍鳥」（Blue Bird）車行的車，因爲我的好友兼翻譯賴逸平先生告訴我，「坐到不好的車，司機亂繞路還算事小，弄不好有時會被載到偏僻的地方行搶呢。」

計程車司機水準最高的當然還是新加坡，華、英雙語都可以，有的時候台語「嘛會通」呢。

東南亞機場計程車「撇步」

泰國曼谷素旺納普機場號稱全球規模最大的單一航廈機場，但是開幕以來卻是怨聲載道，實在有虧盛名，其中一項主要的抱怨就是機場的計程車管理紊亂不堪。

如何亂法呢？

這樣一個先進的國際機場，當然有排班計程車。但是旅客抵達入境大廳之後，首先遇到的卻是如蟻附羶的拉客計程車，這些人西裝筆挺、舉著牌子追著旅客問，「要計程車嗎？」很容易讓初來乍到者以為他們就是正規的計程車業者。

其實他們跟排班計程車一點關係都沒有，經營的是比一般計程車「豪華」的轎車服務，只不過車子雖然確實比較豪華，可是要價卻是計程車的好幾倍。

舉例來說，一般計程車從素旺納普機場到曼谷市區的車資加上高速公路六十五泰銖收費，大約是三百泰銖左右，也就是說假使客人堅持不走高速公路，車資也不過就是兩百三十五泰銖。

但是豪華轎車前往市區同樣的路程卻視目的地遠近不等而叫價泰銖七百到一千五之間，很多初來者不明究理，以為這就是標準價錢，當然就成了冤大頭。

當冤大頭是一回事。更冤枉的是，這些人在機場拉客根本是非法行爲，可是他們卻一個個衣冠楚楚，公然大模大樣地在航警眼前拉客，航警也當他們「透明」。其間的「共生」關係當然不言自明。

問題是，正因爲有這麼多非法拉客者在入境大廳攔截旅客，所以一般計程車前往機場排班的意願並不高，因此經常發生旅客大排長龍苦等計程車的情況。

我由於嘗盡苦頭，所以特地對素旺納普機場做過一番「田野調查」，居然給我找出了「撇步」，那就是根本不要在入境大廳找計程車，而是直接拖著行李上到三樓的出境大廳，找那些載客來到後放空車的計程車，一來不用等，二來還可以省下五十泰銖的機場加值費。眞是一舉兩得。

這些載客來又當場載客走的作法當然也不合法，可是現場的航警完全不管，就便宜了像我這樣「偷

絶大多數機場的入境廳像菜市場

吃步」的旅客。

有次去菲律賓，事前朋友告訴我從機場坐計程車到市區一律四百五十披索。我到了之後埋頭殺出拉客計程車業者的重圍，然後祭出泰國的那一套，果然在出境大廳前面找到載客來到的計程車，坐上去後到市區才披索一百出頭，見到友人自然大肆炫耀，享受了一下「還是你行」的虛榮。

根據我在東南亞近九年的經驗與觀察，最規矩的機場計程車就屬新加坡樟宜機場，載客到出境大廳的計程車絕不會也不被允許載客，不想放空車回就乖乖地去排班，所以機場永遠不缺車，旅客一到就可以順順利利搭車進入市區。

我雖然研究出「撇步」，但還是喜歡新加坡的循規蹈矩，旅客、運將、航警，大家都方便、順利。

最貴的手機在哪裡？

新加坡政府提撥十八億新元（近四百億台幣）財政盈餘給全民分紅，年滿二十一歲的國民平均每人可獲得相當於台幣七至八千元的紅包，周邊國家老百姓眞是羨慕死了。不過同一時間，新加坡《海峽時報》也作了調查，發現星國生活開銷太高，超過百分之九十的新加坡人感到吃不消。

其實這方面，新加坡是有點夜郎自大囉。就說手機吧。多年前還住新加坡的時候，由於工作需要，自己當然掛一支。單親老爸爲聯絡方便，女兒、兒子從小學起就各配一支。家裡的菲傭更是沒事就拿著手機哇啦哇啦。便宜嘛，很多新加坡人身上不只一支呢。

你去緬甸試試看。

緬甸的手機並不算挺貴，就算貴，也可以從外面偷帶進去。但是那張通話卡，乖乖，小小一片兩千美金呢，恐怕世界第一等。

緬甸的通訊完全掌握在軍政府手中，獨門生意本來就予取予求，再加上不希望老百姓有簡便的互相串連方法，所以就變成天價了。基本上，只有做生意的人買得起，一般老百姓掛個手機在身上，相當於在其他地方開輛保時捷。

這麼貴，用起來還不一定四通八達。不久前去仰光，老覺得某些特定地點手機就莫名其妙不通，陪行的導遊看出我的疑惑，笑著說，「剛剛經過軍營啦。」軍營附近手機就不通，有一套吧。

二〇〇七年九月仰光發生血腥鎮壓示威，軍政府爲阻撓訊息外傳，一夕之間，什麼手機、網路，統統沒了，差點回復到飛鴿傳書。

這就是價値一萬五千美元的計程車

以前總認爲新加坡的車全世界最貴。到了緬甸，才知道自己不僅是目光呆滯的青蛙，還是坐在井底的那隻。

東南亞有不少國家都是滿街爛車。但是我在仰光坐的那輛計程車，那個爛的程度就沒法形容了，儀表板的電線都暴露在外，車窗轉不下去，冷氣、收音機的位置都只是個黑洞，開起來更不用說，磬鈴匡啷像電動猴子出巡。一問之下，這輛早該拆解的車花了司機老大美金一萬五。

導遊小袁說，最基本的陽春新車美金三萬元起跳，四輪帶動的話，得準備好美金十萬。

進口執照？當然是握在軍政府手裡。

民主？

二○○六年五月從曼谷去新加坡採訪大選，其實是投票前一天才到的。爲什麼？因爲本來根本就不想去。爲什麼？因爲新加坡的選舉是可以預測的，沒什麼高潮。但是報社說還有台北市長馬英九正好在那時要訪問新加坡，還是跑一趟吧。所以就去了。

結果新加坡大選果如先前預想，執政的「人民行動黨」獲勝，反對黨保住原先兩席，算是不敗。台北兩家電台名主持人陳文茜及唐湘龍找到我連線，談新加坡大選。我知道他們的用意，當然是要談新加坡的一黨獨大「不民主」。

所以我一開口就「先下手爲強」，說道，「我是『反民主』的」，接著Blah,Blah,Blah大談我的想法，兩位主持人都是老友，聽到我大放厥詞頗有些愕然，唐湘龍還爲我緩頰說道，「梁東屏在紐約住了十五年，是個絕對的『自由派』。」他的用意應該是告訴聽眾「這個人嘴巴上雖然這樣講，他不會『反民主』的啦。」

可是我就是「反民主」。我反那些沒有資格實施民主的地方實施民主，譬如台灣。

台灣夠民主吧，可是弄了一群猴子穿上龍袍在台上耍八年，拿不出一點像樣的政績，上下其手A

錢的弊案倒是弄得風生水起。很多人以爲這些人這樣亂整，二〇〇八年一定要交出政權了，我告訴你，還不一定，這些人別的不會，就是會玩「民主」，把民主玩得像魔術一樣。不然，哪裡會有「兩顆子彈」的把戲？（註：本文是兩年前寫就，現在台灣已政黨輪替，但是有更好或會更好嗎？哪個敢拍胸脯保證？八年，在歷史的長流裡只是一瞬，卻很可能是你、我一生中最菁華的八年，就給這些混蛋政客玩掉了。）

印尼在蘇哈托之後夠民主了吧。可是十年以來已經經歷了哈比比、古斯杜爾、美嘉華蒂還有現任的尤多約諾四任總統，空轉了十年，現任的尤多約諾是唯一「好像可能」有些作爲的總統，可是「十年」耶，人的一生有幾個十年，結果卻被「民主」虛耗掉了。

菲律賓夠民主了吧。光是「人民力量」就弄了兩次，算是民主的「楷模」，但是不久前的一次民意調查，大多數的菲律賓人都表示，一旦有機會他們寧願移民到國外。新加坡烏節路上的「幸運廣場」，香港的「中環廣場」乃至遠在中東的沙烏地阿拉伯都充斥著離鄉背井的菲傭，其中很多是大專畢業生呢。

菲律賓的民主好不好，去問這些菲傭就知道了。

泰國夠民主了吧。一位明明是歷來最有政績還獲得大多數人民支持的總理，只因爲通過「合法的民主程序」把自己的政黨壯大到別的政黨無法生存，只因爲拒絕給昔日死黨廣播名嘴林明達特許好處，只因爲權勢大到對知識份子、媒體不屑一顧，結果激起前述人士集體反彈，居然就可以利用死纏爛打的群眾運動引發政變逼他下台。這樣的「民主」，是泰國之福嗎？

我對陳文茜和唐湘龍說，如果有一個制度可以保證領導階層相對上清廉，眞正爲國家、人民做事，我寧願要那個制度，才不要前述的那些「假民主」。

我的邏輯很簡單，很「結果論」。東南亞十個國家裡，新加坡是首善之區，當然有它的道理，前述那些國家所發生的事，都不會在新加坡發生，一個國家當然不可能十全十美，但是新加坡的百姓相對上絕大多數都可安居樂業。

那，還有什麼好苛求的？你要說它不民主，So What?

回歸自然

女兒放假從美國來曼谷看我，舟車勞頓，當然要沖個涼，三分鐘後，浴室傳來呼喊，「爸爸，你的洗髮精在哪裡？還有，香皂呢？」

我笑得很開心，喊回去，「妳忘啦，我早就不用這些東西了。」

將近三年前心血來潮決定再留長髮，之後卻發現了留平頭時未注意到的「恐怖事件」——掉頭髮，還是一把一把的掉。起初以爲是老了的自然現象，後來拜網路之賜獲得許多生活上的「撇步」，其中就有關於洗髮精之爲害。

我用的算是名牌，不會吧？

不過還是決定暫時停用來測試一下。結果不得了，掉髮的情況還眞改善不少。那個牌子的洗髮精價格滿貴，居然當了這麼久的冤大頭，一怒之下，不用了。

東南亞天氣炎熱，所以洗澡叫作「沖涼」，一天沖兩、三次司空見慣，我每次沖涼都順手搓搓頭髮，其實夠乾淨了，不用洗髮精眞無影響。起初孩子笑我，還作出「噁心」的表情，後來發現我的頭髮確實乾淨又無異味，就自然接受了。

我還跟他們解釋洗髮精之所以會讓頭髮烏黑發亮，是因爲那些化學的東西把頭髮上天然的細孔塡平了，頭髮雖然亮了卻無法呼吸，怎麼不掉？他們聽得似懂非懂，也懶得理我。

我則變本加厲。某天沖涼時望著手中的香皀又突然「發現新大陸」。這麼多年來我的皮膚一直相當乾燥，難道是這東西害的？於是也不用了。其實我住的是「服務式公寓」，洗髮精、沐浴精，香皀、潤膚霜都是免費提供，不用這些東西跟「省錢」毫無關係。我是要回歸自然，嘻，嘻，夠理直氣壯吧。

古早時候的印地安人或者深山裡的原住民，哪裡有什麼洗髮精、香皀可用，還不一樣是烏溜溜的長髮，光滑滑的皮膚，人稱之爲「自然美」。

有了這個「眞知灼見」作後盾之後，我的「回歸自然」之路愈走愈寬廣，而且生活於相對「落後」的東南亞，經常不自覺就「自然」起來。

譬如說我在曼谷街頭就碰到睽違已久的絲瓜筋，立刻買了兩條，一條洗澡搓身體用，另一條則用來洗碗盤。前些年住新加坡時，對於椰漿飯放在芭蕉葉上就極有好感，到曼谷後發現芭蕉、香蕉葉用得更爲廣泛，幾乎所有的小點心都用這種天然的「包裝紙」。新加坡和印尼也都有用香蕉葉包著烤的魚漿（Otah），好吃極了，一半的功勞得歸於蕉葉香。

曼谷街頭還有竹筒糯米飯，飯熟後破竹取出，表面裹著一層薄薄的竹膜，一股清香，握在手上一點都不黏，吃起來更是爽口。有回在寮國首都永珍一家最出名、最昂貴的餐廳用餐，黑糯米飯上桌時是放在小小的有蓋竹籃裡，溫溫的竹籃，清香撲鼻，食慾都不覺好了起來。

這些天然的東西用起來當然會有一點點不方便，可是也就只那麼一點點而已，它們卻不會污染環境，即使變成垃圾也會自然分解回歸大地，總好過塑膠袋、保麗龍對環境的危害。我就常常在湄南河邊看著漂流而過的塑膠瓶、罐、保麗龍盒而興嘆。

唉，怎麼辦呢？只好盡自己的一份力。我也已經不再用洗碗精，就只用熱水沖刷，油氣一樣去得掉。

女兒在曼谷住了一個多月，跟著我過沒洗髮精、香皀、洗碗精的日子，她也覺得滿好。後來開學要回美國，我捨不得她，陪她一程到台北，然而終於還是要分別，她說寒假有兩星期，問我有計畫到美國嗎？我說好啊，可以從洛杉磯開車走一號公路去舊金山。她說，「一號公路？不就是你說過骨灰要抛在那邊海裡的公路嗎？」

這是我回歸自然的最後一個節目。她還一直記得，眞好。

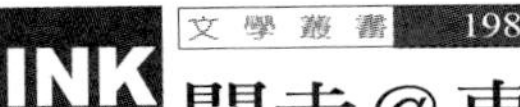

閒走@東南亞

作　　者　梁東屏
攝　　影　梁東屏
總 編 輯　初安民
責任編輯　施淑清
美術編輯　黃昶憲
校　　對　施淑清　梁東屏

發 行 人　張書銘
出　　版　INK 印刻文學生活雜誌出版有限公司
台北縣中和市中正路 800 號 13 樓之 3
電話：02-22281626
傳真：02-22281598
e-mail : ink.book@msa.hinet.net
網　　址　舒讀網 http : //www.sudu.cc

法律顧問　漢廷法律事務所
劉大正律師
總 代 理　展智文化事業股份有限公司
電話：02-22533362・22535856
傳真：02-22518350
郵政劃撥　19000691　成陽出版股份有限公司
印　　刷　海王印刷事業股份有限公司

出版日期　2008 年 8 月　初版
ISBN　978-986-6631-18-4

定價　260 元

國家圖書館出版品預行編目資料

閒走@東南亞／梁東屏著；
－－初版，－－臺北縣中和市：INK 印刻文學，
2008.08　面；　公分（文學叢書；198）
ISBN 978-986-6631-18-4（平裝）
1.旅遊文學　2.東南亞
738.09　　　97011754